独立水墨探索文集

马媛媛 著

文化艺术出版社
Culture and Art Publishing House

序

　　水墨艺术作为中国当代艺术中最为热门的话题，似乎谁都可以拿它来说事，来发表自己的看法，这是一件十分自然的事情。有的甚至将水墨艺术的话题直接同先锋艺术对等起来进行谈论和阐释，似乎一谈到水墨就等于言及了先锋艺术。从一度在国内流行的实验水墨、水墨实验，到近几年甚嚣尘上的新水墨，实际上这其中包含了天大的误解和自以为是。在这种背景下，马媛媛的《独立水墨探索文集》却给我一种新的触动和重新思考。水墨艺术究竟是什么？它是中国传统艺术还是中国当代艺术？它是保守的落后的后卫的本土艺术还是激进的先进的前卫的世界艺术？正是对这些疑问的再次置疑，让我对马媛媛的《独立水墨探索文集》一书有着进一步的阅读和思考，也正是在这种进一步的阅读和思考中，独立水墨的前景逐渐清晰起来。

　　马媛媛在《独立水墨探索文集》一书中，究竟有着哪些方面的艺术实践和艺术思考才逐渐抵达独立水墨艺术航程这一全新的起点呢？不可否认，马媛媛曾在自己探索历程中也不由自主地滑入了实验水墨、水墨实验和新水墨的窠臼之中，或许正是在陷入这种貌似先锋前卫的探索中，马媛媛发现了一个在她看来的貌似先锋前卫的语言游戏陷阱中。她越来越强烈地感受到，不管是实验水墨、水墨实验还是所谓的新水墨，从根本上讲都是话语表达上的翻新和自以为是的投机游戏，它们之间更本没有真正意义上的有关水墨艺术的本体论思考，彼此之间也没有本质区别，一味地话语标榜，一味地自我吹嘘，一味地欺骗和自我欺骗，一味地煞有介事，实质上是一味地变换着皇帝的新衣。也正是在这种意义上，确定了马媛媛自身重新探索水墨艺术的决心和信心。

那么从哪里开始呢？经过一系列徘徊、犹豫包括不可逃避的折腾，马媛媛最终选择了回溯水墨传统的探索实践路线：首先她选择了从原生态绘画元素开始溯源，"问渠那得清如许，为有源头活水来"，马媛媛正是在这种探源的孜孜不倦的实践中发现了水墨艺术和中华民族思维方式独特的关系。正如作者在本书一开篇所言："中华民族从远古开始，就逐渐地形成了一种独特的艺术思维方式。正由于有这种较为根本的思维方式的存在，使民族艺术产生了丰富多彩的特色，正是这种民族艺术根本的思维方式及其所决定和制约的诸特征，构成了民族艺术的体系。而这个体系的根本，则是以达情言志的核心层为其本质特征的，即中国艺术是以富于中国式哲理的情、志、观念的表达为核心的。"其次，马媛媛对中国民间美术中主体与客体关系的认知中，深刻地感受到了中国民间美术中的色彩特性、视觉特性、线条特性，一言以蔽之是中华民族独特的思维方式和语言表达方式。紧接着，马媛媛就民间艺术本体对花鸟画艺术创作的影响也展开了深入探讨和独立的思索。她说："丰富的民间艺术中共有的艺术特点和相同的造型艺术'基因'是民间艺术中隐藏的原生态绘画元素。"这种原生态的绘画因素正是中华民族东方美学中蕴藏的神秘主义变现方式的直觉显现。在《独立水墨探索文集》这部书中，马媛媛还对自己在花鸟画创作中体味到东方独特的色彩观念和色彩谱系。同时本书还进一步思考了中国画艺术的东方审美因素与西方绘画艺术在材料、技法、观念等系列问题上的视觉文化差异以及中国本土绘画艺术如何向当代文化的审美转型，诸如：(1)如何将本土意义上的中国水墨艺术提升到当代艺术的视觉语境上来，(2)如何将源中国画中的水墨因素转化为真正意义上的当代水墨观念。这二者之间的关系似乎构成了整个中国当代水墨艺术的一个公案，谁都希望通过自己的艺术实践和艺术理论探索来了结这桩艺术公案，但似乎谁都无法真正由此深入半步。马媛媛的探索意义正好表现于此：一是将源自于中国本土的水墨艺术通过自己一直努力的探索使之显现为带着中国本土文化气质的当代架上艺术，二是将中国传统意义上的水墨艺术提升到当代视觉艺术的语境中来。不仅如此，最具有标志性的探索就在于马媛媛将这二者之间的转换与融合达到了一种自然而然的视觉纯度。这种视觉纯度的呈现方式和文化向度传达出一种特定的东方视觉智慧和东方视觉文化的美学气质。

透过马媛媛《独立水墨探索文集》一书的艺术实践和理论探索，我们似乎发现了有关水墨艺术更深入的一些问题。水墨是中华民族独特的生命方式，水墨之气是中华民族生生不息的生命之气，水墨语言也是这个民族独特的生存方式和表达方式！隽永而缠绵，流连忘返。《周易》中的卦气、五行之气、大地氤氲之气、天气、地气、人气、才气、运气，中国书画中的气韵生动之气，笔墨中的气息之气，做人过程中的浩然之气、骨气、脾气、喜气、怨气、怒气，如此等等，皆是中华民族生生不息的生命之气。这种生命之气的视觉表达方式就是水墨丹青独特的生命气象。这种方式是中华民族生命存在的澄明之境，是独特的东方美学指向，既神秘莫测，又真实可靠，不可须臾离开，时刻相依相随。比如迄今为止，几乎每个哲人、思想家都想解释清楚何谓东方神秘主义，何谓气象，何谓气韵，何谓境界，何谓笔墨，其结果依然无法准确表达，但它时刻都在那里，谁都能感觉到它的真实存在！此中有真意，欲变已忘言！

邱正伦，西南大学美术学院教授、博士生导师、诗人、艺术批评家。

目　录

传统篇

中国民间绘画元素对花鸟画创作的影响……………………… 3
没骨花鸟画：从传统走向现代……………………………… 44
古代花鸟画论（节选）……………………………………… 60

教学篇

工笔花鸟创作讲义…………………………………………… 67
关于中国画教学中的色彩基础……………………………… 78
线的艺术……………………………………………………… 100
新水墨元素在纺织花型设计中的应用
　——关于艺术院校教学法的思考………………………… 114

修养篇

谈哲学、神学与艺术…………………………………… 123
谈美学与艺术…………………………………………… 127
论中国画论的价值和当下意义
　　——从当代中国画家的艺术创谈起………………… 131

研讨篇

"天上来：炫墨霓裳"
　　——马媛媛、彭奂焕联合创意展学术研讨会 ………… 139
"炫墨"
　　——2013马媛媛水墨新作展艺术研讨会 …………… 153
艺术创作对话…………………………………………… 171
关于当代中国画创作的思考…………………………… 187

后记……………………………………………………… 204
参考文献………………………………………………… 207

传统篇

中国民间绘画元素对花鸟画创作的影响

第一章　原生态绘画元素溯源

中华民族从远古开始就逐渐地形成了一种独特的艺术思维方式。正由于有这种较为根本的思维方式的存在，使民族艺术产生了丰富多彩的特色，正是这种民族艺术根本的思维方式及其所决定和制约的诸特征，构成了民族艺术的体系。而这个体系的根本，则是以达情言志的核心层为其本质特征的，即中国艺术是以富于中国式哲理的情、志、观念的表达为核心的。

中国古老的原始艺术在此核心下产生了不同的艺术形态，但丰富的艺术形态背后所隐藏的是一脉相通的原生态绘画元素。无论艺术作品描绘在岩壁上还是墓室中，青铜上还是彩陶上，宣纸上还是瓷器上，其表现手法是绘画还是雕塑，它们承载的文化内涵是一致的，它们创作所选用的原生态绘画元素是相通的。

自魏晋南北朝以来，中国绘画逐渐独立成科，民间艺术与中国绘画也就分道扬镳。中国画逐渐衍变成熟，不断向哲理性、文学性和注重艺术家内心体验的方向发展，出现了艺术表现、风格形式雷同的程式化语言,正如徐悲鸿所言"其所论断,往往玄之又玄,不能理论"。

而民间美术在没有过多的文化重负下自由地发展,其审美意蕴直接秉承原始艺术的混合性特征,并很好地保存了原始艺术的多种表现形式,虽然民间艺术的表现手法和形式多样,但在相同的审美意蕴下,民间艺术主体(艺术家、创造者)创造心志是类似的;民间艺术客体(对自然的关照)是相通的;民间艺术本体内部隐藏的原生态绘画元素是统一的。如同陕北剪纸,被喻为活的有生命的博物馆。

中国历代艺术家也是注意到民间艺术中的原生态绘画元素的宝贵,在中国画创作中借鉴民间艺术的原生态绘画元素的优点进行中国画革新,形成了新的中国画审美标准和创作手法,拓展了程式化的中国画创作空间。清代的扬州八怪就是此观点的例证之一,而近现代的林风眠先生不但主张革新中国画创作空间,而且致力于这一领域的研究,创作出很多具有独特意趣的中国画作品。

下面我主要从原始艺术中的原生态绘画元素、中国绘画艺术与民间艺术分脉、中国花鸟画艺术的历史脉络及衍变等三方面进行原生态绘画元素的简要溯源,为后期研究民间艺术中的原生态绘画元素对花鸟画艺术创作的影响做好铺垫。

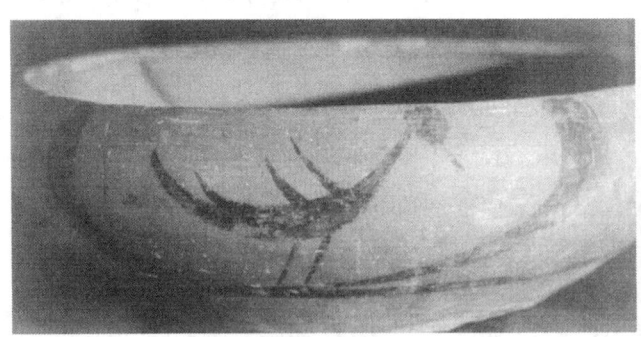

图1-1 仰韶彩陶

图1-2 青海孙家寨舞蹈

一、原始艺术中的原生态绘画元素

由于原始艺术创造者在对待自然的时候有着相当自由的态度，因此而形成了根据主观表现的需要对对象予以夸张、简化、规范、变形、符号处理等等手段的"意象"思维方式。原始艺术的各种艺术形态，则逐渐又由儒、释、道及神仙方术诸观念的区别及其与环境所共同影响的主观情志所引发。"东方艺术，是以描写想象为主，结果倾向于写意一方面"。[①]

图1-3 人物·龙·凤帛

由于中国艺术的这种基本的特质，中国古代艺术家们从来就没有以再现客观自然为自己艺术传达的终极目的，而只是把这种造型当成缘情言志的手段。由此而产生的原始艺术中的绘画元素其造型简洁洗炼、色彩主观意象、构图饱满张扬、题材丰富多彩（大到描写生命、宗教，小到一花一草的自然世界）。具体我们可以直溯到4000年前至6000年前的彩陶上那些绘画。以仰韶彩陶为例如（图1-1）。早在6000年前的半坡彩陶上我们就可以找到用原始的"毛笔"（当时是捆在树枝上的兽毛束）绘制的笔路粗放，却自由灵动，简练概括，颇具抽象情趣的图像。不论是半坡的人面含鱼纹，还是庙底沟那些叶形、花瓣形纹，以及青海孙家寨的舞蹈纹（图1-2）、马家窑的蛙形纹（亦称人形纹），其绘制风格都是这种写意性很强的粗放画法。再如：战国晚期长沙那两幅帛画，（《人物·龙·凤帛画》与《人物御龙帛画》）（图1-3）和汉代的墓室壁画，其简洁洗炼的造型、高雅而艳丽的色彩让人叹服。而三国时嘉峪关墓室砖画中那些以简率稚拙的造型、野逸豪壮的用笔表现现实生活场景，西汉洛阳卜千秋墓壁画中那些伏羲、女娲、青龙、白虎，河北望都一二号汉墓壁画中

---

① 林风眠.:《东西艺术之前途》。

那些鸾、凤、人物，逸笔草草，潇洒灵动，简练概括，展现了原始艺术的无穷魅力。在原始艺术中，无论是美妙绝伦的墓室壁画，还是雄宏厚重的汉代雕塑，不管是简朴写意的原始彩陶，还是精美多彩的漆器漆画，它们所表达的艺术情感是相似的，追求和向往美好生活的创作理念是统一的，由此而带来艺术本体的原生态绘画元素的相似，这一原始艺术的原生态绘画元素在整个中国艺术发展领域中不断地被加以完善和传承，又在后来的民间艺术中得以保存和发展，中国民间艺人被称为活的历史也就不足为怪了。那么中国绘画艺术与民间艺术何时分脉了呢？它们的关系又是如何的呢？

二、中国绘画艺术与民间艺术的依存关系和历史渊源

自魏晋南北朝以来，中国画独立成科，逐渐成为中国美术史的主流，民间艺术被排斥到"俗"类的边缘艺术范畴，不被时代主流人士所关注。综观整个中国美术史，虽然中国画的"雅"文化与民间艺术的"俗"文化分歧愈来愈明显。但是二者依旧在长期的矛盾和统一中达到和谐与发展。

那么到底什么是中国画？又何其为"雅"呢？一般人天经地义地认为，用水墨宣纸画出的山水、花鸟一类的画才叫中国画。再懂一些的人，则认为要讲以书入画，要讲笔墨，要写意的画才叫中国画。前两年，一些颇为权威的先生明确地指出，"笔墨是中国画的底线"。可见也是把文人画当成了中国画，因为只有明清用宣纸作画的文人画家才把笔墨当成要害。明代中期吴派沈周、文徵明，元人更他们要的决不是只是笔墨，他们要的是意境。但是不可否认的是，中国绘画的确有其注重内心体验的一方面。中国山水花鸟都因有一套程式可循，所以结构往往大同小异，几百年难变宗风。造型则崇尚逸笔草草，不求形似，以简为尚；中国人最引以自豪的"笔墨"，因中锋为尚，又因"画道之中，水墨最为上"的"雅"趣，其变化主要在提按顿挫、粗细长短、浓淡干湿，再加上力透

纸背及屋漏痕、虫蚀木一套讲究。自此中国画艺术与民间艺术彻底分道扬镳，形成两种不同的艺术体系，二者的发展脉络也逐渐发生很大差异，但是它们依旧在矛盾和统一中不断相互影响与发展着。

因为民间艺术基本上延续了原始艺术中单纯而热烈的对生命和自然的描写，保留了很多纯粹而丰富的原生态绘画元素，再加之民间艺术创作和欣赏群体庞大，历代还是不乏热衷于民间艺术的主流艺术家。他们注意到民间艺术原生态绘画元素的宝贵，在中国画创作中借鉴民间艺术中的原生态绘画元素的优点，进行中国画创作的革新，形成新的中国画审美标准和创作手法，拓展了程式化的中国画创作空间。如清代的扬州八怪等，他们为丰富主流的中国画艺术做出了不小的贡献，而近现代的林风眠就更是主张革新中国画的创作空间，并且致力于这一领域的研究，创作出具有独特意趣的中国画，对近现代和当代中国画的发展影响巨大，被后人喻为"中国画的现代绘画之父"。

那么，在研究民间艺术中原生态绘画元素对花鸟画创作的影响之前，还需要对中国花鸟画的历史传承脉络和衍变作一简单回顾，这将有利于文章后期的深入分析。

三、中国花鸟画艺术的衍变与民间艺术的关系

（一）中国花鸟画艺术的历史脉络及衍变

中国花鸟画艺术在我国产生和发展经历了一个漫长的岁月，早在工艺、雕刻与绘画尚无明确分工的原始社会，中国花鸟画已萌芽。

最早描绘花鸟的作品，是新石器时期画在彩陶上的鸟、鱼、蛙及类似花草的装饰图案，但只是一种装饰美术而并非独立的花鸟

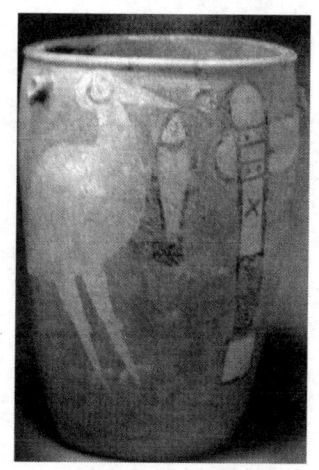

图1-4　鹳鱼石斧图　彩绘陶画

图1-5 双鹤图 明 边景

图1-6 花蓝图 宋 李嵩

画。(图1-4)发展到两汉六朝花鸟画则初具规模。而花鸟画正式确立是在唐代,经唐、五代、北宋完全发展成熟,唐初薛稷是画鹤能手,中唐边鸾是位颇具影响力的花鸟画家,画的"草木、蜂蝶、雀、蝉并居妙品","下笔轻利,用色鲜明"。

(图1-5)至晚唐,滕昌祐作画重观察,所作花鸟、蝉、蝶、鹅"宛有生意"。五代时期,西蜀、南唐都设立了画院,加上唐末中原画家为避乱入蜀,促使蜀地的绘画迅速兴旺起来,其间出现的画家黄筌与徐熙两种风格流派,已能通过不同的选材和表现手法分别表达或富贵或野逸的志趣。

图1-7 花卉册 明 徐渭

宋代以来花鸟画主要沿袭黄筌的画格发展,所以作品大多是"勾勒填彩,旨趣浓艳"(图1-6)。在风格精丽的工笔设色花鸟画继续发展的同时,风格简括奔放以水墨为主的写意花鸟画、写意"四君子画"(梅、兰、竹、菊)

也相继出现，以线描为主要手段的白描花卉亦逐渐兴起。随着写意花鸟的深入发展，以明末的徐渭（图1-7）为代表实现了以草书入画并强烈抒写个性情感的自觉。至清初朱耷则达到了史无前例的高水平。自此，花鸟画完成了"从最初原始的写意形态→到唐宋时期成熟的重彩写实画风→再回到元、明、清的水墨写意盛行的形成→成熟→保守"的衍变过程。

如果我们更深入地探究形成这一历史脉络和衍变的原由，则要从中国花鸟画的立意及创作者的精神思想谈起。

中国花鸟画的立意往往关于人事，它不是为了描花绘鸟而描花绘鸟，不是照抄自然，而是紧紧抓住动植物与人们思想情感、生活遭际的某种联系而给以强化的表现。它既重视真实，要求花鸟画具有"识夫鸟兽草木之名"的认识作用，又非常注意美与善的观念的表达，强调其"夺造化而移精神遐想"的怡情作用，主张通过花鸟画的创作与欣赏，影响人们的志趣、情操与精神生活，表达作者的内在思想与追求。

在造型上，中国花鸟画重视形似而不拘泥于形似，甚至追求"不似之似"与"似与不似之间"，借以实现对对象的神彩的扑捉与作者情意的表达。

在构图上，它突出主体，善于剪裁，时画折枝（折枝：花卉画的一种，只画从树干上折来的部分花枝），讲求布局中的虚实对比与顾盼呼应，而且尤善于把传达画意的诗歌题句用与画风相协调的书法在适当的位置书写出来，辅以印章，形成诗、书、画、印为一体的综合艺术形式。

在画法上，花鸟画因对象较山水画具体而微，又比人物画丰富，所以工笔设色更具写实色彩或带有一定的装饰意味，而写意花鸟画则笔墨更加简练，更具有程序性与不可更易性。

经过数千年的发展，中国花鸟画积累了丰富的创作经验形成了自立于世界民族之林的独特传统，其间可以清楚地看到之所以中国画能超越民间艺术的大众群体而逐渐成为中国绘画艺术的主流，自有其自身的优势。

首先中国花鸟画源于原始民间艺术，在发展、成熟的衍变过程中保留了原始艺术写意精神的内在审美因素。在艺术形态上完成了自己的蜕变，在技法上逐渐趋于完美，但是自过分追求精神与思想表达的文人画出现以来，对花鸟画技法创新上有所轻视，导致清末程式化的复古风兴起，抑制了中国画更好地向前迈进，而中国花鸟画也不例外地受到整个中国画衍变的影响。

但是在整个花鸟画的历史衍变期间，不乏从民间艺术中汲取艺术营养的创作者，虽然实为少数，甚至在当时不被理解和接纳而被定为异类（如清代的扬州八怪、海派的虚谷，近现代的林风眠，等等），但是他们对整个花鸟画的发展和变革是具有深刻的历史意义与学术价值的。

（二）中国花鸟画艺术的衍变与民间艺术的关系

详细研究了花鸟画的历史衍变后，我们可以清楚地认识到，中国花鸟画艺术体系在经过几千年的衍变与发展中逐渐独立、成熟，并且与民间艺术体系相分离。同时我们也可以看到，中国花鸟画艺术的传承与原始艺术和民间艺术中的原生态绘画元素是密不可分的，中国花鸟画艺术的发展不断地受到民间艺术中的原生态绘画元素的影响。

如：宋代工笔重彩花鸟画艺术与早期墓室壁画中的花鸟关系密切；民族传统白描造型（图1-8）与民间传统的观念造型（如民间剪纸（图1-9）、面花雕塑、原始岩画、汉画像石、霍去病墓刻等）的联系；民间传统固有色造型（工笔重彩卷轴画和年画、壁画）以及民间传统的包括五色在内的观念色造型（民间刺绣）之间相互的影响；从6000年前半坡彩陶上我们也可以找到笔路粗放，但自由灵动，简练概括，颇具抽象情趣的图像。不论是半坡的人面含鱼纹，还是庙底沟那些叶形纹、花瓣形纹，其绘制风格的写意性，加之用原始毛笔蘸浓稠的颜料，绘制在吸水性很强的土陶盆罐上的颇有宣纸笔墨效果的画法，使仰韶文化彩陶的纹饰绘制效果与后世的水墨大写意画法有极大的相似性。

图1-8 镇宅神英　　　　　　图1-9 陕西剪纸
山东平度民间木刻

通过以上对原始艺术中的原生态绘画元素的追溯，我们明晰了中国绘画艺术的脉络、艺术特点与民间艺术的关系。在了解了中国花鸟画在长期的历史发展中适应中国人的社会审美需要，形成了以写生为基础，以寓兴、写意为皈依的传统。中国花鸟画与民间艺术复杂的融和与分离愈加明显和多元化。

第二章　民间艺术的创作主体与创作客体

对"民间艺术"的概念、审美特征及其包含的艺术范畴进行合理释义是本文得以进行的逻辑前提和学理式分析的充要条件。因此，有必要对"民间艺术"这一概念予以界定。

其次，明晰民间艺术中绘画创作主体（创作主体出发点、思想精神性等）与创作客体（对自然物象的选择性、宏观性、微观性等）的特点，从而为更深入地了解民间艺术创作本体的特点做好铺垫。

一、民间艺术的概念、审美特征和所包含的艺术范畴

（一）民间艺术概述

中国的民间艺术基于农耕文明的历史背景，因此，它所创造的精神内涵、审美意蕴较为突出地体现了一种艺术发生时期的造物观念与生活原型的意义。

首先，中国民间艺术是亿万劳动群众创造的民间文化艺术，是群体文化艺术，是中华民族文化艺术的母体。它融于民族群体的衣食住行、节日风俗、人生礼仪和信仰禁忌的社会生活之中；它是从原始社会至今中国本原文化的传承延续与积淀，具有鲜明的民族特征与地域特征；它是中华民族文化形态中历史最悠久、受众最广泛、地域特征最鲜明、历史文化内涵最丰富的文化形态之一。

其次，中国的民间艺术是独立于主流艺术的平民化艺术体系，最实际地体现了对人的生命价值的追求，是一种对现实的补偿和对理想的抚慰。而民间艺术的审美意蕴不是纯粹的艺术审美创造，而是借艺术创造来表达人对生活真诚渴望的、实在的、执着的方式。它是千百年来民众创造并享受的文化，是民众智慧的创造，充分体现着他们对生命的真情颂扬，对幸福、信念和希望的热情追求，对吉祥、正义、真善美的热诚歌颂，对美好生活的向往。

最后，我们可以从很多民间艺术作品中看到，作为本土艺术主要组成部分的民间艺术，它历史悠久，积淀深厚，是各民族艺术传统的重要组成部分，是一切艺术形式的源泉。早在距今6000年前新石器时代的彩陶艺术就闪耀着民间艺术的光辉，战国秦汉之际的石雕、陶俑及画像砖石在造型及艺术风格上也都带有鲜明的民间特色。

（二）民间艺术审美特征

农业社会的形态结构不仅成就了中华民族传统文化的基本内容，也是中国民间艺术生成并发展的基本文化背景。在此文化背景下产生的民

间艺术审美特征有以下几点：

其一，中国传统文化中对"美"的认知是与人的味觉快感相联系的。许慎《说文解字》释"美，甘也，从羊从大，羊在六畜给主膳也"。"甘，美也，从口含一。"这便揭示出了以味为美的起源观。这种最初对美的认知是直接从身体感觉的对象中触发的，实质内容是人们在日常生活中感受某种合人意的事物，意味着对人生价值的体悟。民间艺术的审美观念更多地继承、保留了这种传统审美意识的原始意义。之所以"吉祥"派生出的种种美好祝愿成为民间艺术长河中的主流追求，就在于它最切实际生活并执着于对合人意的生命价值的关注。

其二，在中国传统农业社会历史发展中人靠"天"吃饭，以善为本的。天灾人祸、美丑善恶等困扰着人们，历史性局限着人们渴求幸福的心灵，人对切身利益的需求必然成为个体行为参与整体社会活动的首要目的。由"如意"引申出的种种渴求祈愿，赋予民间艺术以千古不灭的生命力，就在于它更利益化地钟情于对人的社会实践活动的关照。不难看出，以人生的切实需要为目的的民间文化观念及其衍生出的功利主义色彩极强的审美思想，自然地成为民间艺术的审美特性的核心。人们把难以解决的现实问题或渴望实现的生命要求诉诸于一种精神的模拟形式，通过艺术寻求这种替代现实追求的满足感，运用各种恰当的审美形式表达出来，使参与者或受众群体的功利意愿得到一种意念性的满足，从而获得一种自我肯定，使合目的性的审美想象转化为自我力量对象化的美。

其三，这种形式特征具体表现为构图饱满、对称，造型完整、意象，色彩鲜艳、爽朗，气氛热烈、生动，工艺自然、灵透。

（三）民间艺术的范畴

民间艺术历史悠久，涉及范围广泛，在建筑、雕塑、戏剧、瓷器、壁画、皮影、面具、木偶、剪纸、戏剧脸谱、绘画等很多领域都有广泛的大众基础，其朴素的艺术宗旨和原始的艺术创作精神是一致的。

"由于民间美术品种极为丰富，既有供玩赏用的造型艺术，又有衣食住行中以实用为主的工艺品，又与民俗、宗教及其他民间文艺存在密切关系，形成多种分类法：①绘画。包括版画、年画、建筑彩画、壁画、漆画、灯笼画、扇面画等。②雕塑。包括彩塑（寺观彩塑、小型泥人）、建筑石雕、金属铸雕、木雕、砖刻、面塑、琉璃建筑饰件等。③玩具。包括泥玩具、陶瓷玩具、布玩具、竹制玩具、铁制玩具、纸玩具、蜡玩具及综合材料所制玩具等。④染织刺绣。包括蜡染、印花布、土布、织锦、刺绣、挑花、补花等。⑤服饰。包括民族服装、儿童服装、嫁衣、绣花荷包、鞋垫、首饰、绒花绢花等。⑥家具器皿。包括日用陶器、日用瓷器、木器、竹器、漆器、铜器及革制品、车马具等带有装饰及艺术价值者等。⑦戏具。包括木偶、皮影、面具造型等。⑧剪纸。包括窗花、礼花、刺绣、刺绣花样、挂笺等。⑨纸扎灯彩。包括各种花灯、各种纸扎。⑩编织。包括草编、竹编、柳条编、秫秸编、麦秆编、棕编、纸编等。"[①]

二、民间艺术的创作主体

民间艺术的创作主体是民间匠师和劳动群众。其中绝大多数民间艺术是在劳动生产的业余时间制作的，或作为副业生产，又主要为自己使用、欣赏，因此表现了他们的心理、愿望、信仰和道德观念。

民间艺术和民俗活动有极为密切的关系，是伴随民俗活动而发展的。在民间的节日庆典、婚丧嫁娶、生子祝寿、迎神赛会等活动中，民间艺术创作也最为活跃。

在魏晋以前的民间美术创作者主要是工匠，魏晋以后士大夫贵族逐渐成为画坛的重要组成部分，但在版画、年画、雕塑、壁画及各种工艺

---

① 钟茂兰、范朴：《中国民间美术》，中国纺织出版社，2003年版。

创作中，民间匠师仍占绝对优势。至于在广大城乡群众中流行的剪纸、刺绣、印染、服装缝制等直接装饰人民生活的工艺美术创作，更有着极为广泛的社会基础。民间艺术世代相沿，在延续继承中不断被丰富和创新，创造了富有民族和乡土特色的优美艺术形式。

民间艺术家往往能不受时空限制，进行自由创作。他们没有过多文化承载的压力使得他们能够保持一种纯朴、自然的创作心态，这将给当代花鸟画家更多的启迪。

然而，由于过去的阶级偏见使民间艺术的成就常常被贬低或忽视；又由于劳动人民在经济、政治及文化上遭受重压，以致他们在艺术上的智慧才能，也不免受到压抑而未能充分发挥出来。

三、民间艺术的创作客体

受到民间艺术的创作主体思想的影响，民间艺术家对自然世界、社会生活的关照方式非常独特，他们的艺术体系和造型体系不是取法自然的真实，而是用作者观念去看待和描述某种事物，使作者的观念隐寓其中，并运用"意想"和"心象"的表现手法来进行民间艺术创作。

此种思路与《易经·系辞下传》中记载"古者包牺氏之王天下也，仰则观象于天，俯则观法于地，观鸟兽之文，与天地之宜，近取诸身，远取诸物，于是始作八卦，以通神明之德，以类万物之情"[①]的原始哲学思想相吻合。民间美术的作者们在创作时往往不受特定时间、空间观念的束缚。从宏观讲，他们把不同时间的事件放在一个画面，把屋里屋外不同空间的东西放在一个画面，平面铺开，互不遮挡，完整地表现自己想要表现的事物。从微观来看，许多自然界的细节往往或为民间艺术家借鉴的因素，如他们把梅花鹿身上的斑纹提取为梅花造型元素等。这独特的

---

① 李伯钦（译）：《全本周易》，万卷出版社，2005年版第350页。

艺术观、造型观使民间艺术造型语言更具独特的真实性。

"青青院中葵，朝露待日夕，阳春不得泽，万物生光辉。"自绘画艺术诞生之日起，人类带着感恩和对美好事物的希冀，用最淳朴的心对自然进行着虔诚的描绘。民间艺术在不同时期也都展现出其独特的魅力，并使劳动人民的情感在艺术中得到淋漓尽致的表现。虽然民间艺术涉及范畴广泛，艺术创作群体庞杂，但其精神内涵是一致的。民间艺术独特的审美观、艺术观，自然会引发出民间艺术独特的造型语言、色彩体系、构图方式和题材元素。

第三章　民间艺术创作本体对花鸟画创作的影响

中国民间绘画元素主要隐藏在各种民间艺术的创作本体中。靳之林对此作了详细阐释："中国民间艺术与中国文人士大夫和职业艺术家的艺术，就其哲学体系来说，均属于中华民族天人合一物我合一的认识论、阴阳观与生生观合一的宇宙本体论，是同一哲学体系。但是民间美术是以中华民族几千年来传承发展的原生态哲学密码，直接表现这种哲学的，而文人士大夫的艺术则是以这种哲学观，表达艺术家个人情感的。"[①]虽然民间艺术主要是平面造型，但是民间艺术的平面和立体造型是同一个艺术造型体系，如我们的民间面花和拴马桩石雕就是民间剪纸和画像石的立体化，此种现象不胜枚举。

丰富的民间艺术中共有的艺术特点和造型艺术"基因"是民间艺术中隐藏的原生态绘画元素。下面，我将深入细致地挖掘分析民间艺术创作本体中的民间绘画元素，纵向从民间艺术中的民间绘画造型艺术体系、民间绘画色彩艺术体系、民间绘画构图艺术体系、民间绘画题材元素等

---

① 靳之林:《中国民间美术》，五洲传播出版社，2004年版第81页。

四部分进行阐释分析，横向分析已经吸收了民间绘画元素后取得成功的花鸟画作品以后，立体地阐明民间艺术创作本体中优秀的原生态创造元素对主流花鸟画艺术创作的影响。

一、民间艺术中绘画造型艺术体系对花鸟画创作的影响

（一）民间绘画造型艺术体系特征

民间艺术是劳动人民为满足精神生活需要而进行的一种朴素的、自由的表意创造，因此，民间艺术作品质朴纯真，倾注着劳动群众个人的情感、信仰和个性。但是"随意性"并非是民间艺术简单、唯一艺术特点。"中国民间艺术中装饰变形的艺术形态，是由中国本原哲学体系、艺术体系和美学观所决定的艺术形态，与中国职业艺术家的艺术是不同的，和西方现代艺术流派的装饰变形是有着本质区别的"。[①]

民间绘画造型艺术体系很少受主流文化和和主流艺术规范的影响，难以形成特有的民间传统的观念造型。"中国民族民间的基本哲学观念是阴阳五行观念。这个完整的哲学体系的形成虽然在春秋战国，但是作为观念，早已在原始社会形成（6000年前的红山文化阴阳两面人陶器，5000年前的仰韶文化半坡人面含鱼彩陶和陇东阴阳两面人彩陶，就是例证）。古代中国人在与天斗与地斗与人斗的斗争中形成了原始生存和繁衍的观念，由此形成了认识自然、认识社会的阴阳五行哲学观念。这种认识自然也反映在中国民间艺术中，成为中国民间艺术的基本、永恒的主题。所以，从某种意义来说，中国民间艺术是一种观念艺术。它反映在艺术造型上，就是具有内涵象征的特定艺术语言，可以概括为观念造型，观念色彩和观念构成。"[②] 可以说，民间艺术中民间绘画造型艺术是

---

① 靳之林：《中国民间美术》，五洲传播出版社，2004年版第10页。
② 靳之林：《民间美术的整体认识与教学》。

一种"观念造型"。

民间绘画造型艺术体系讲究"由心而生"的自由、随意创造，即"意象造型"。具体可分为四部分：

图3-1　山西剪纸

其一，阴阳观的造型观。因为与民间风俗习惯和文化观念有着密切的关系，原始生命崇拜的图腾成为绘画造型中最自然真实的表达［图3-1］（如：民间美术中统一的"鱼戏莲"造型元素），民间绘画造型艺术从根本上真正体现了绘画造型"美"的原生态属性。在统一的造型元素下，不同地域的民间艺术创造者又进行自由、独特的创造，使得民间艺术作品既统一又丰富，并且总是保留了天真、稚拙的风格。

其二，五行观的造型观。这种观念是受中国本原哲学五行空间观念的构成组合观的影响下产生的，如民间剪纸、年画（图3-2）、皮影、安塞农民画（图3-3）在表现农家时，屋里屋外的景物、人物平面展开、互不遮挡，人物造型也可以是正面和左右侧面的组合，有些则只有侧面等等，形成一种散点、观念性的造型语言。

其三，图腾造型观。如民间绘画中虎与龙的造型，都不是特定瞬间时空的自然形态的老虎或龙，而是超时空观念形态的虎或龙的图腾。民

图3-2　江苏桃花坞年画　　　　　　　图3-3　安塞农民画

图3-4　陕西民间剪纸　　　　图3-5　狩猎　内蒙谷阿拉善岩画

间剪纸的"蛇盘兔"等的图腾是保护神的形象。"蛇盘盘"的形象模式最早在彩陶盘蛇上就出现过，青铜器上的盘蛇也来自这一原始的图腾。"由图腾蛙转化为蛙身人面的娃，再转化为人格化神的抓髻娃娃，我们可以看到这种造型发展延续过程。"民间剪纸（图3-4）、皮影、年画、原始岩画（图3-5）、汉画像石、霍去病墓刻等都有所体现。

其四，超时空的造型观。"民间美术的艺术装饰，以有生命的花草、动物与自然万物神祇崇拜的符号来替代线条、黑白、明暗变化等没有生命的装饰。"[①] 例如民间剪纸作品。由此可知，民间美术的装饰变形是有生命的观念形态的装饰变形。天津杨柳青、苏州桃花坞及山东潍坊杨家埠的民间年画和陕西安塞农民画中对花、鸟、鱼、虫、春、夏、秋、冬以及各种植物、人物的造型处理，都十分强调"美感"的表达，夸张、变形和超时空的造型手法在这里运用自如，各具特色。

总之，民间绘画中的造型虽不强调客观的真实性和哲理性，但简洁生动，高古而天真，毫无陈腐之气，传统美学中的"应物象形"理念在民间绘画中被自然地采用和升华了，在民间绘画创作中少了许多使绘画创作承载更多的哲学思想和人文精神的创作压力，多了些质朴、天真。民间绘画造型透露出人类最朴素最真实的审美体验以及单纯的创作思想和

---

① 靳之林：《中国民间美术》，五洲传播出版社，2004年版第94页。

对美好事物的向往，影射出万物与人心里超时空复合之后的美性构成，体现出民间绘画独特的平面性和多维造型的抽象处理方式。民间绘画造型艺术中具有的大气磅礴、气势雄浑的艺术形象，是中华民族群体的感情气质、心理素质和民族精神的强力表现。在民间艺术中很难找到那种顾影自怜、孤芳自赏的冷冷清清、凄婉伤感之作。民间绘画造型艺术体系还具有形象化造型、谐音化造型、意义化造型、情势化造型、功能化造型等民间艺术共有的造型规律，在此不再赘述。

（二）民间绘画造型艺术体系对花鸟画创作的影响

艺术每向前做新的探求，随之而来的往往是有意无意的对传统的更深一层的追溯。这种现象在中外艺术史上是时有发生的。如近代上海画坛的大师们，都有着"与古为徒"的精神。他们向古代探索借鉴，以求创新。任渭长从吴道子木画和贯休罗汉像石中寻味高古之意；赵之谦以及后来的吴昌硕，融金石篆刻等入画，开拓了大写意花卉画的新途；任伯年赏心于汉代武梁祠画像石，追求笔墨的金石味。这一切形成了整个上海画坛破格创新的艺术趋向。而同时代的西方艺术家们，从印象派以来，也注目于对古代艺术的汲取借鉴，形成了许多新的现代艺术流派。如后期印象派代表人物之一的高更，远离巴黎，去塔希提岛向土著民族原始艺术学习；毕加索著名的《亚威侬的少女》，也很难说与非洲黑人的原始艺术无关，如此等等。这一中外绘画艺术相类似的动向，对古代艺术的涉猎，也是带有某种时代的共同特征和一种现代人的审美感受。近代的虚谷和林风眠更是在民间艺术领域探索深远的大家，民间艺术中的民间绘画造型元素对他们的艺术创作及花鸟画创作影响巨大。

个案分析

1. 虚谷和彩陶

虚谷艺术的"蹊径别开"，离不开近代上海画坛上"与古为徒"画风的熏染。虚谷是一个很有画学修养的名画家，他的艺术精神与古代民间艺术是有着深刻的渊源的。从远古的彩陶以及三代的青铜、金石中，我们可以追溯到虚谷艺术的由来。

虚谷的绘画与彩陶有许多共同之处：

其一，在艺术的抽象（概括）及意象造型手法上相同。古代彩陶的鱼纹，由最初的"写实"发展而为"写意"，再变而为极简略的富于装饰意味的抽象符号（图案）。而后代绘画的发展，以游鱼为例，也是由秦汉画像石的肇于"写实"，至宋画而臻其极致，而自元代以降渐次发展为"写意"，至八大山人、虚谷则更加精纯，更深地触及抽象的形式美境界。这种由"写实"而"写意"，愈来愈单纯的发展趋势，二者是极为一致的。德国美学家温克尔曼在论及希腊古典艺术一般特征时指出，希腊艺术的美在于"高贵的单纯和静穆的伟大"[①]。徐悲鸿也说，"简则几乎华贵，为艺之极则矣"[②]。我们看虚谷的金鱼（图3-6），只有淡淡的断续相连的几笔，几乎只有必不可少的轮廓了，而精采气韵，更其动人。这与彩陶之纹饰美实为异曲而同工。彩陶鱼纹"头部形状越简单，鱼体越趋向图案化"（《西安半坡》第185页）。而虚谷的鱼（金鱼、扁鱼之类）（图3-7），头部与鱼体画为一体，更为简炼，越加表现形式美，其单纯与彩

图3-6　杂花册　清　虚谷

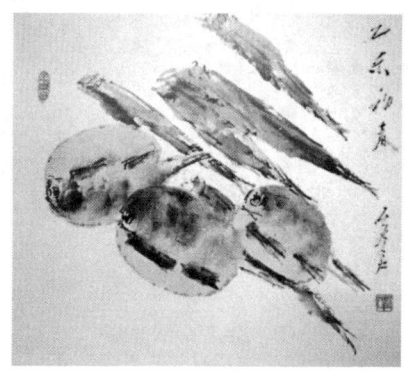

图3-7　河豚竹笋　清　虚谷

---

① 宗白华（译）：《论希腊雕刻》。
② 转引自宗白华：《徐悲鸿与中国绘画》。

图3-8 杂花册 清 虚谷

陶足堪比美。只是在"趋向图案化"方面,彩陶的纹饰更显得纯图案(虚谷的蔬果、梅花有图案化之趋向)(图3-8)。

其二,两者都具有艺术造型的稚拙传神之美。彩陶艺术质朴高古,绝无眩目的珠光宝气,它是筑基于一种粗糙的毛坯上,是远古先民艺术情趣的生动体现。其造形稚拙,线条多"毛"。这正是近代有些艺术家所不断追求的一种美。马克思认为,古希腊神话的美,反映了人类的童贞,最为后世所不再复得,因此具有永恒的魅力。这当然也适用于古代的造形艺术。虚谷艺术的"落笔冷隽,蹊径别开",也正在于其意象的高古,有莽苍之气,在于其笔意的僻涩、生拙、侧锋逆锋的抗争("毛"而"不光")韵味。这些特点都是古代艺术中所蕴藏着的,虚谷等近代艺术家们又重新发现了它,开拓了艺术的新途。

图3-9 杂花册 清 虚谷

"中国艺术由彩陶以来即趋于稚拙,而古希腊艺术则趋于精湛,这是从完全不同的社会历史背景上发展起来的两种不同的文化和美感。稚拙美可以看作中国艺术之一特征。"[①](图3-9)它是中国古代哲学"大巧若拙,大智若愚"之艺术体现。当然,

---

① 丁羲元:《虚谷艺术散论》,载于《中国绘画研究论文集》,《朵云》杂志出版社编,上海书画出版社,1992年版第641页。

稚拙美也有着极为多样丰富的表现方式。即如虚谷与吴昌硕就有不同，吴昌硕绘画之拙更多表现于笔墨上，而虚谷更多寓诸造形、构图之中。吴昌硕绘画的稚拙较少，而虚谷则稚气烂漫而兼有生拙。

其三，二者都体悟艺术造型内涵之自然天趣和情怀之萧散淡泊。艺术的稚拙在于其内在情怀的萧散淡泊，所以体物自然有天趣。一个艺术家要像儿童那样的自然天真，要无拘无束地接触表现世界。这种艺术境界并非易得。"外不矜持"，得自"内既充实"。虚谷艺术之所以特别的冷涩、隽美，所谓"冷隽"的"冷"，在于他淡泊守志，静观寄情，具哲人之思。这并非率尔操觚者所能及，而须有艺术上的千锤百炼之功力。在古代如彩陶艺术中，先民们在原始的彩陶形式上骋其艺术之奇思，挹取形象，任乎自然，大得天趣，绝无造作之意。而这却是后代艺术家所最难往诣的艺术之境。恰恰也在这一点上，虚谷艺术与彩陶是相通的。

虚谷艺术的美学品格，在于其单纯、稚拙、高雅。他的画与彩陶可相互映发，可见民间艺术中民间绘画造型元素对虚谷花鸟画创作的影响之大。

将近现代的艺术与远古的艺术加以联系类比，犹如登高送目，许多带有规律性的艺术特征将会愈益分明。近现代也有不少艺术家直接取法于上古彩陶或其它民间艺术中民间绘画造型元素，从中获取艺术灵感和启迪。林风眠就是这一时期的重要代表人物。

2. 林风眠与瓷器、汉代画像砖石

"那些来自乡土、风格土气、体现着风土俗的民间美术不仅是过去一切美术发生的基础，并且以其自发的生命力和超过一切雅艺术的丰富性，而具备成为现代艺术发展源头活水的巨大潜力。"[①]

林风眠别具慧眼地发现了正统美术之外的民间美术传统，他曾说：

---

① 聂危谷：《论林风眠土洋互渗的艺术风格》，载于《荣宝斋》，2001年第1期，第99页。

图3-10 鹭鸶图 近代 林风眠

"不要把水墨画看成是中国唯一的传统，古代青铜器上的线刻多美，我墙上挂的民间灶神画，多有味道，一定要博采众长，才能悟自己的新。"① 他"遍览铜器、漆器、彩陶、汉砖、皮影、剪纸、磁州窑、古壁画"，② 兼收并蓄，涉猎极广。

我们从林风眠的花鸟画作品中清楚地看到，画中鹭鸶所采用的独特线条，已成为林风眠绘画的特殊的形式标志之一（图3-10）。论者们乐于谈论这种线条与瓷绘线的关系（林风眠本人曾证明了这种关系）。

有人认为林风眠采用的"民间画工的匠艺线与具有金石书法意味的艺术家用线，无法置于同一级别的类比"。③ 这种观点不免失之于偏颇。书法用线固然以其"力透纸背"而表现出一种静态的内蕴之美，却丝毫不能代替动态的外力之美。前者以迟涩的渗透性充实画面，后者以流动的扩张性占领画面。虽然金石书法用线的确为有内涵的形式，但瓷绘线的张力样式则不失为更具现代意味的直率的形式。况且，林风眠并没有将瓷绘线搬到他的画面上，

图3-11 竹石图 近代 任伯年

---

① 朱膺：《悼一代宗师林风眠》。
② 苏天赐：《林风眠的绘画艺术》，载于郑朝、金尚义编《林风眠论》，浙江美院出版社，1999年版第67页。
③ 冯远：《纳洋以兴中的先行者林风眠》，载于《林风眠研究文集》，中国美术学院出版社，1995年版第238页。

林风眠自己曾说过，他为了提炼用线的质地美，用了几十年的工夫。

实际上，林用风眠线虽出于瓷绘线，但青出于蓝而胜于蓝，不可等而论之。由于瓷器表面质地较为光洁，不便于寻求毛笔在宜纸上类似文人画那种如锥画沙、如折钗股、一波三折、藏头护尾的特性，同时，也由于性情真率的民间艺人渴求更为自由的表现方式，所以瓷绘线不避一意畅快，抛头露尾，以真抒性灵为特色。林风眠所谓"把笔顺着气痛快地拉"① 能够恰当地传达这种感受。

以宋代磁州窑《立鹤坛》与林风眠的画相比，一方面可见鹤体的用线与林风眠所画鹭鸶同样地显示出奔驰的张力感，另一方面也不难看出前者用线不免失之于粗率。不仅线条按同等形体比例来看，约为鹭鸶用线的四五倍粗，并且由于翅膀上画了太多的羽纹，又稍觉繁琐。由此证明，林风眠画用线比之于民间瓷绘上的相似性，前者与后者之间用线起了质的变化，由粗犷的原创形态，转化为略具雅化情调，却又不失原初生命力的再创形态。

汉代画像砖石对林风眠艺术中独特造型的形成，影响也是颇深的。林风眠曾说："汉朝的画像石应该是中国艺术的主流。"② 可见他对汉代画像石推崇备至。当一个艺术家进入大巧若拙、返朴归真之境界时，画像石就会成为他心目中的艺术经典。画像石所具有的整体、单纯、团块式有力的造型风格，十分吻合林风眠单纯化的审美理想。

林风眠画中那饱满拙重的方圆形态，与画像石在形式意蕴上是相通的。林风眠画中飞舞悠扬的鹭鸶造型，则与画像石昂首展翅的朱雀精神一致。而且我们能够在林风眠画中恰切指认的是来自画像砖的图式为飞鹜。将飞鹜之形与四川大邑汉墓出土的画像砖《弋射图》中的飞雁，称

---

① 赵春翔：《林风眠先生会见记》。
② 李树生：《访问林风眠先生的笔记》，载于《林风眠研究文集》，中国美术学院出版社，1995年版第170页。

得上是绘画史上最成功地展现了鸟类飞翔状态的图式。其成功的关键在于这位不知名的汉代民间艺术人具有高度的形式感悟力。

我们不妨仔细寻味：那雁的头颈被拉直、加长，从枣核状的身体直到鸟的尖喙，形成急剧变细的一个楔形。而在"枣核"之上，鸟翅被拉成满弓形。双爪则被删除，以免累赘。于是，整只鸟看上去就如引弓等发的弦上之箭。这样大胆的变形样式是历代文人画家所不敢梦想的，它流露着粗犷的、野性的美，宣泄着民间艺术自由的表现精神，也展示了民间艺人创造的智慧。

3. 任伯年"雅""俗"共赏的花鸟画造型

前面提到过任伯年赏心于汉代武梁祠画像石，追求笔黑的金石味。我们从任伯年把笔黑的金石味融入他的花鸟画创作中，明显地体会到一种"雅文化"与"俗文化"相互渗透的味道，民间绘画的精髓在其画作中也被充分地体现出来。其花鸟造型与传统花鸟画中的程式化造型形成区别，对花鸟造型本身美感的寻找，使任伯年的花鸟画走出了传统程式文人画意笔草草的樊篱。任伯年的没骨小写意花鸟画作品既注重传统写生，又强调花鸟造型在画面组合构成后的美感，在传统花鸟画中融入了民间艺术的审美标准，使一直在文人士大中间玩味的"雅文化"艺术主流有了转机（图3-11）。其作品鲜明的"雅""俗"共赏的特点，被更多的人民大众所欣赏和喜爱，花鸟画开始真正地走进了人民大众的生活。

在具体研究了中国画坛这几位颇具影响力的艺术大家以及他们如何汲取中国民间艺术中民间绘画造型元素，从而产生具有历史意义的花鸟画作品的历史事实之后，使我们更深入细致地认识到民间绘画元素对花鸟画创作的巨大影响。期望中国更多的当代花鸟画艺术家们不断采取"远交近攻"的战略，从远溯古代艺术中取其精华，破格创新，从而向清代中叶以来的宫廷画风、摹拟保守的程式文人画风等发起攻势，创作出更多具有新意和时代特色的花鸟画作品。

二、民间艺术中绘画色彩艺术体系对花鸟画创作的影响

（一）民间绘画色彩艺术体系特征

民间艺术色彩是一种"观念色彩"①。在民间艺术作品中，对色彩的运用同民间艺术造型的整体理念是一致的，它与自然世界的物象联系，延伸、拓展了设色的内在性质，使色彩一致，成为特定的、观念性的附会和指代。可以说，民间艺术的色彩视觉涵义，已被转换成一致特殊情感的文化理念。在这里，色彩不以"物理光源色学说"因素为视觉依托，而是以表达求生、趋利避害等合目的性的功利意义为最根本的色彩寓意，包含着丰富的主观愿望。

其一，民间艺术设色具有特定的象征性寓意，产生了五行八卦观的色彩观。中国古代先民曾从自然万象有规律的色彩变换中获得了五种基本色相，即：青、赤、黄、白、黑，并体会到这五种色与当时人的生产、生活实践有着这样或那样的利害关系。所以，将这五种感性的视觉色相进行了理性阐释："青，生也。象物生时之色也；""赤，赫也。太阳之色也；""黄，晃也。晃晃日光之色也（天地互映）"；"白，启也。如冰启时之色也；""黑，晦也。如晦冥之色也"。五色被视作特定观念的指代。后又随着阴阳五行学说的产生与发展，五色与五行（水、火、木、金、土）、五方（北、南、东、西、中）、五时（冬、夏、春、秋、长夏）、五性（智、礼、仁、义、信）、五声（呻、笑、呼、哭、歌）、五态（恐、喜、怒、忧、思）、五气（寒、热、风、燥、湿）成为构架世界秩序的整体系统，既丰富又稳定。在民间美术的设色运筹中，色彩被转换成一致逻辑推理方式和思维认知图式，是"心象"的印证。如年画——红色剪纸艺术作品中体现的"生生观"的象征性色彩观（图3-12）。这种色彩观念在农民

---

① 靳之林：《民间美术的整体认识与教学》。

图3-12　剪纸·桃

图3-13　农民画 现代

画（图3-13）、皮影、戏剧脸谱、面具等具体的民间艺术中也充分的体现出来。

其二，民间美术用色在不违背色彩文化的象征寓意的同时，又特别讲究色彩的视觉美感，极其重视色彩的视觉心理效果。民间艺人们是通过色相所产生的联想和大众化心理情感的要求来选择使用色彩的，根据百姓生活态度、价值标准、审美情趣，把用色经验编汇成浅显又深刻的色彩口诀，如"红红绿绿，图个吉利"、"红搭绿，一块玉"、"红间黄，喜煞娘"等等。不难看出，老百姓是依自己的切身利益去理解色彩的，民间美术的色彩视觉感应是一致对吉、凶、福、祸的对应，且导致了色彩的主观反映是积极、欢庆、吉祥的，是充满生命活力的。所以，用色艳丽、浓烈、鲜明是民间美术遵从的色彩风格；使色彩红火热闹、喜瑞吉庆，是民间美术尊崇的色彩品质。比如：年画用色热烈、明快；剪纸用色浓丽、鲜艳；玩具用色响亮、轻松（图3-14）；道具用色粗犷、质朴……总之，民间美术用色富有

图3-14　民间玩具 山东 布老虎

强烈的艺术感染力，它是心灵的真实，是生命的长青。当然，随着宫廷美术与文人士大夫美术的形成壮大，也影响着民间美术用色的更加丰富和发展。比如强调用色的调和、素雅。

其三，类相色彩法在民间色彩中运用广泛。"从心理 — 物理类相的象征和表现来处理画面复杂的色彩……在色相的选择上呈现出无比的灵活与自由；在表现领域上又呈现出无比的广阔与

图3-15 安塞农民画

浩大；在表现深度上呈现出无比的典型性、象征性与概括性；且由于美性自律的要求，在形式技法上又呈现出无比的微妙、严谨和一丝不苟的高超。"① 这些对中国绘画色彩理论的阐释，在民间绘画色彩中自然的表露无疑，这也正是民间绘画色彩与中国主流艺术中讲求的色彩理论暗合的一个事实。可以看到民间艺术与中国主流艺术的相互影响与渗透。

其四，在民间绘画色彩中类相色彩宗旨的引领下，民间绘画融合生活与宗教的现实需求，呈现出具有鲜活气息的民间装饰风格。如民间壁画、木版年画中用色的强烈夸张（图3-15），对比色、互补色合理而大胆的使用，更强调了二维空间平面性的色彩构成，画面的视觉冲击力极强。

其五，民间绘画色彩的自律性。所谓自律的美感形式，就是说色彩能够象墨线那样，即使不用于造型，其本身就具有一种美的律动、美的节奏、美的韵味。如《敦

图3-16 敦煌壁画 元代

---

① 董欣宾、郑奇:《中国绘画六法生态论》，江苏美术出版社，1990年版第85页。

图3-17 明清瓷器

煌壁画》中的用色（图3-16）。壁画色彩效果的好坏主要取决于各种颜色搭配所构成的色彩关系，只有符合视觉美感法则的色彩组合才会有良好的视觉效果。画家作画的全过程，其实就是探索"最佳视觉效果"的全过程，它包括画师从总体设计到每一块具体形状该用什么颜色，都是围绕着追求最佳效果的目的在选择，其中包括对形状和颜色的反复修改，也包括绘画技术方法的试验和探索，壁画之所以是艺术家智慧和灵感的结晶，就在于最佳视觉效果的营造功夫；在民间瓷器中的色彩表达上（图3-17）也充分体现出了这一民间绘画色彩的自律性。

（二）民间绘画色彩艺术体系对花鸟画创作的影响

中国花鸟画创作中，民间绘画色彩艺术体系的引入，将对传统中国花鸟画的用色有所突破和更新。如：清代恽南田的画法是"点花粉笔带脂，点后复以染笔足之"[①]，赵之谦笔力劲健，用墨饱满、色彩浓丽，二者吸收了民间赋彩的优点；任伯年设色有清淡有浓丽，又清淡与浓丽结合，虚谷笔墨色彩含蓄，泛其表而有内美；吴昌硕气热磅礴，力量雄浑，着色常以红、黄、绿等色调入赭墨，在冲突中取得协调，使意笔花鸟画有了独特的色彩感觉，被誉为写意画家中最善用色者而影响至当代。不难发现，上述卓有成就的画家们在施彩上常吸收民间绘色法。

个案分析

1.民间艺术中极具视觉张力的色彩对齐白石花鸟画创作的影响

---

① 王伯敏：《中国绘画通史·下册》，三联出版社，2002年版第182页

近代齐白石巧妙地把这一民间绘画色彩精华吸收到他的花鸟画创作中。

其一，高艳度、强对比，纯色和重墨的合理运用。齐白石先生用传统书法的用笔手法写出画面色彩，直接用色造型，使齐白石的花鸟画作品真正达到了"大俗"即"大雅"的高雅境地，具有一种音乐的韵律感。（图3-18）

其二，心象色彩的巧妙运用。我们知道，民间绘画色彩中对比强烈的原色和间色运用是民间劳动人民在大自然的启示下，动用丰富多变而微妙的色彩来装饰自己的生活时自然产生的，赋有灵性和诗意，其心中色彩的表达才是

图3-18 牡丹图 齐白石

最丰富的表达。齐白石先生正是领会了这一朴素的平民化创作理念，产生了自然天成的心象色彩，再加之他不断地向文人画笔墨形式之精粹靠拢，并对文人画的广泛借鉴，促使齐白石绘画从特有的民间意味浓厚向文人精英艺术升华。质朴、清新、天真、热情带有浓郁民间艺术特点的大写意花鸟画产生了。

2. 张大千与敦煌壁画

（1）敦煌壁画独特的艺术形式和强烈的色彩氛围吸引着无数观光者，敦煌壁画的色彩艺术特点与民间艺术中民间绘画色彩元素是相通的，敦煌壁画的色彩艺术特点如下：

①装饰性绘画的用色方法，在用色上原本就不受真实性的局限，把壁画人物看成是图案和纹样来对待，用色就有很大的随意性。如该窟壁画四周的千佛图案的用色手法。千佛图案就用了黑、灰、石青、石绿、白等五种颜色交替变化，头部干脆四成黑灰色，而壁画下部护法之神就用了肉红色、石绿色相紫灰色。

图3-19 北魏敦煌壁画

②纯简洁的色彩关系，为装饰性壁画获得朴实的美感效果。绚丽的色彩构成了满天飞舞的花瓣，其用色十分单纯，画面主要用了石青、青莲、土红、肉黄、黑紫灰等六七种颜色，以石青与土红对比为主调，显明的黑色使天空更显清新明亮，颜色单纯简洁，色块的大小疏密分布均衡，构成了壁画的色彩节奏和韵律，黑灰色与白底色的调和作用，使鲜明色其有了和谐统一的基础。

③敦煌壁画颜色的限止，提升了壁画创作者的修养。对于画师来讲，颜色的限止是一种很高的修养，限止了鲜明色种的过多使用，就是体现其修养的重要方面。从249窟的壁画中，从天顶画与壁画的用色进行比较，就会发现，最常用的石绿仅在墙面壁画中出现，而天顶画中就没有出现。仅用了石青、青莲、土红三色作对比。色相环中其它鲜明色均被限止。可见画师在用色上是有所讲究的，至少是严格控制了鲜明色的使用范围，显示出画师成熟的用色修养。[①]（图3-19）

纵览敦煌莫高窟各朝代壁画色彩概貌，清楚地显示出色彩发展变化的轨迹。色彩的"年轮"清晰地显出两个不同的发展期，以初唐为鼎盛期。从北魏至隋唐时期壁画色彩呈现出一派和谐、温馨的色彩印象，颜色温文尔雅，不火不俗，色调变化神奇莫测，色彩浓烈、鲜明、和谐，呈现出一派色彩的高级阶段的繁华景象。而盛唐之后的色彩"年龄"则显示出逐渐下滑的衰落景象，若与早期相比，可概括为"病态发展期"。对此方面就不再赘述。

---

① 周大正：《敦煌壁画色彩例证》，载于《荣宝斋》2001年第1期，第134页。

（2）张大千与敦煌壁画的关系

张大千不像齐白石那样经历了从民间匠人到艺术大师的过程。齐白石是用体内流淌的民间艺术的热血，来诠释他所理解的文人画，对于民间艺术的汲取，对于齐白石来说是与生俱来的，而作为接受正统文化熏陶的文人画家张大千，对于民间艺术的汲取却是主动的、有目的的。

他认为，创造敦煌壁画的那些无名画匠的作品，并不比和他们同时代的大画家阎立本、吴道子逊色。所以，他敢以最大的勇气打进去，独辟蹊径。正如国学大师陈寅恪在观看大千先生的临摹敦煌壁画展后撰文所评价的那样："敦煌学，今日文化学术研究之主流也。大千先生临摹北朝、唐、五代之壁画，介绍于世人，使得窥见此国宝之一斑，其成绩固已超出以前研究之范围。何况其天才特具，虽是临摹之本，兼有创造之功，实能于吾民艺术上，另辟一新境界，其为敦煌学领域中不朽之盛事，更无论矣。"①

"张大千先生更清醒地看到传统艺术的根源是由民间艺术、文人艺

图3-20　荷花图　近现代　张大千

---

① 关山月美术馆编：《石破天惊》，广西美术出版社出版，2005年版第44页。

术、宫廷艺术三大部分构成，且互为补充。"①

张大千是一位把民间壁画色彩（《敦煌壁画》）的精髓运用到花鸟画创作的典型人物，在他三年时间对敦煌壁画进行深入的研究和临摹过程中汲取了很多艺术素养，尤其是在色彩方面，对他以后艺术作品独特面貌的形成起到了至关重要的作用。从他的作品《荷花图》（图3-20）中我们可以清晰地看到张大千先生对民间壁画色彩和造型的灵活运用。这使他的工笔重彩花鸟画别具一格，高艳度、强对比、补色和对比色的大胆运用，与院体高雅、精致用色浓而不艳的传统工笔花鸟画拉开了距离，使长期以来受程式化压抑的工笔花鸟画有了新的面貌。

"他作于1943年明艳灿烂的《朱荷通景屏》，无论画面之巨，结构之满，设色之明丽，尤其是成团成垛的荷花，与古典文人墨荷或院体精致的工笔荷花都不可同日而语……1944年作的《采莲图》，其清新、质朴的民间绘画的情趣，也洋溢着勃勃生机。"② 直到他后来的《朱荷图》，我们又可以看出张大千大胆而洒脱的民间壁画式用线方式与民间绘画的浓重色彩相结合酝酿出后来张大千辉煌的大泼彩艺术，为现代美术史掀开了新的一页。在以强调"设色宜淡不宜重"的文人"雅文化"的艺术主流中，能够与以淡泊名利、向往隐逸为心灵归宿的文人画相对立，可见"为艺者胆也"，除了张大千对传统艺术的深入学习理解之外，也与张大千对民间艺术中审美因素的确信和其由此而产生的大胆的艺术

图3-21 碧荷图 林风眠

---

① 关山月美术馆编：《石破天惊》，广西美术出版社出版，2005年版第44页。
② 林木：《二十世纪中国画研究》，西美术出版社，2000年版第457页。

创造是分不开的。

3. 林风眠与民间绘画的心象色彩

画家林风眠同样是从民间艺术中汲取营养而自成一家的。林风眠的艺术特点在前面关于民间绘画造型艺术中曾详细论述过。从他的作品（图3-21）中我们可以看出民间绘画的心象色彩对林风眠艺术的影响，林风眠喜欢施浓丽的彩色于水墨，强调的不是传统或西方的绘画模式而是个人的视觉感受和心灵特质。他注重画面意境的营造，"他是用宋瓷瓷画那流畅、轻快、活泼的线条取代文人用笔的凝重、深厚与老辣，用明丽、单纯的民间性色彩（当然这里还有他所喜爱的西方表现派色彩）取代了文人水墨为上的单一形式……聪明的林风眠正是因为从民间艺术中独辟蹊径，独具慧眼地借鉴与创造，才避免了程式太强、形式套路太顽固、技法形式与风格样式太普遍，而习之者又太多的文人画那熟悉的老面目，而为自己确立了极为个性化的独特风格"。[①] 在现当代画家中吸收民间艺术中民间绘画色彩元素精华而取得成功的画家也不乏其人，如，当代花鸟画家黄永玉、郭怡孮、江文湛、梅忠智等。

4. 郭怡孮花鸟画艺术的民间性

出生民间艺术之乡潍坊的郭怡孮，从小深受潍坊民间艺术的熏陶，民间风筝艺术中浓丽、鲜艳的色彩元素，对他以后的花鸟画创作影响很大。从郭怡孮当代花鸟画作品中可见一斑（图3-22），他的作品构图饱满、用笔有力、色彩丰富，挑战了水墨为上的文人画理念。他张扬色彩的表现力，用笔周密、工笔写意相间，创立了双勾、没骨并用，水墨、水彩、泼彩、填色勾勒、交错运用的重彩写意画法，产生了工笔重彩与水墨写意自由结合重组的"大丽画风"，郭怡孮崇尚一种蓬勃的山野之气和画家生生不息的精神，把花卉和环境融为一体，正如他本人所说："我把

---

① 林木：《二十世纪中国画研究》西美术出版社，2000年版第174页。

 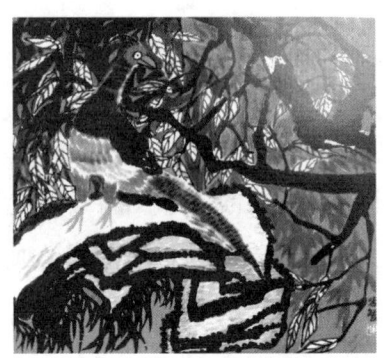

图3-22　与海共舞　郭怡孮　　　　图3-23　梅忠智作品

表现大自然原始的生命形态,把表现大自然赋予生命的强韧力定为自己的创作使命。"这一点与民间艺术中所追求的艺术本质极其相似。

5. 梅忠智独特的大写意花鸟画

梅忠智倡导的大写意重彩花鸟画艺术,在当代花鸟画领域中个性鲜明、艺术成果显著。梅忠智认为,对民族精神的把握,才是对传统的真正继承,要避免对中国传统笔墨技法的简单感性认识和学习。正是在这种观念的引领下,梅先生博览群书,穿越传统文人画的藩篱,深入中国民间艺术领域,对青铜器、秦砖汉瓦、彩陶以及对传统木刻剪纸艺术等更广泛的中国传统艺术领域进行了长时间的探索,挖掘渗入到中国人骨子里的传统艺术精髓,打破传统程式化的花鸟画表现技法,大胆地在其作品中运用新的笔墨元素,为重新组构出具有传统精神的画面做了充分的准备。梅忠智花鸟画作品的设色别具一格,更是得益于他对传统民间艺术的探索。其色彩不同于传统文人画的程式用色,也区别于西方油画色彩,他把中国民间的色彩元素,创造性地运用到当代花鸟画的创作中,纯色和三原色在画面中的直接运用,加之浓重的笔墨勾画,使画面色彩沉稳而具有强烈的东方艺术特色。(图3-23)他的作品有着饱满的构图,画面满而实,很少留空白,一反文人画"计白当黑、以虚为实"的传统,反而从民间艺术中汲取营养,使其饱满的精神面貌和激扬的个性在画面中得到充分的体现。

  他20多年致力于民间艺术元素与大写意花鸟画的结合，成绩斐然。如作品《赤色世界》，其浓重的色彩与强悍、凝重、古朴的传统书法和写意花鸟画相结合，画面造型夸张而生动，妙趣横生，在当代花鸟画坛独树一帜。

三、民间艺术中绘画构图艺术体系对花鸟画创作的影响

（一）民间绘画构图艺术体系特征

  "中国民族民间的基本哲学观念是阴阳五行观念。……由此形成了认识自然、认识社会的阴阳五行哲学观念。这种认识自然也反映在中国民间艺术中，成为中国民间艺术的基本、永恒的主题。所以，从某种意义来说，中国民间艺术是一种观念艺术。它反映在艺术造型上，就是具有内涵象征的特定艺术语言，可以概括为观念造型，观念色彩和观念构成。"① 所以说，民间艺术中民间绘画构图元素是一种"观念构成"。

  因此，民间艺术中的民间绘画构图与民间绘画造型艺术关系密切。具体来说，民间绘画构图一般分为两种：一种是环形透视，一种是透明透视。同样表现出与传统中国画构图，以及西方写实主义迥然不同的构图方式。

  其一，环形透视的特点是不固定视点，视点在围绕对象作环形运动，因而能把对象的各个侧面及背面作全方位的展示，这种环形透视在传统民间美术中是最为常见的。例如，唐长安小雁塔明代重修碑之阴线刻四合院也是把上下左右的殿宇迴廊平面铺开，朝向画面的中心；战国狩猎攻战铜鉴图样和内蒙阴山氏族社会岩画行猎运载图，也是把车平面展开，把左右两匹驭马平躺下来，四足朝向画面的外边。

  其二，透明透视是所描绘的对象内外重叠或前后重叠，互不遮挡。

---

① 靳之林：《民间美术的整体认识与教学》。

图3-24 剪纸《剪花娘子歌》陕西旬邑

例如,透过虎、牛的肚皮可以看到腹内的小仔。透过房屋的墙面可以看到屋内的景象等。具体在民间剪纸艺术(图3-24)、皮影、安塞农民画都有所体现。民间美术之所以能突破透视规律的局限,在于民间美术抛开了自然对象的实体真实,即立体的、占有一定空间的真实,而是以全部感性与理性的认识来综合表现对象,观看得真实已让位于观念的真实,客体形象的真实已让位于心象的真实。墙背面或动物腹内的事物虽然在一个视点看不到,但它却是存在的。

民间绘画的构图受民间绘画夸张、变形和超时空的造型手法的影响,变得丰富而饱满,独特而奇异。在画面组合上,民间美术表现为自由时空的组合方式,虽然这些是不符合自然规律的艺术语言,但体现了民间美术独特的造型语言:它是按照表意的目的来造型,它根本不受对表达意义毫无作用的客观自然逻辑的束缚,而是以超自然客观逻辑的自由,任意移动时间、空间,把一切物象拿来为我而用,梅、兰、竹、菊等植物都是高尚纯洁的品格象征,正因为它们分别在一年的四季开放,所以在民间美术里才把它们组合在一起,象征着在任何时候都保持高尚纯洁的美好情操。

虽然人们不能同时看到太阳和月亮,但人人都知道日月轮回的规律,把太阳和月亮放在一个画面中,就如同太极图一样,表现了阴阳对立统一的完整的运动的宇宙时空。这种独特的造型语言,为民间美术赢得了充分的表现力,产生了独特多变的构图方式。因为它们源于心灵,依照主观的心理真实去组合画面，所以没有半点背离人们"所知"的虚假成分，民间绘画的构图也不会有雷同之感。

（二）民间绘画构图艺术体系对花鸟画创作的影响

个案分析

1. 在前面详细分析过虚谷和彩陶的关系，他的艺术精神与古代民间艺术是有着深刻的渊源的。从远古的彩陶以及三代的青铜、金石中，我们可以看出虚谷的由来。其中也可以看到虚谷独特的花鸟画构图方式，也深受民间彩陶艺术中民间构图元素的影响。在此不再赘述

2. 林风眠的花鸟画作品中特殊的正方形构图方式，也深受汉代画像砖石构图的影响。在此不再赘述。

四、民间艺术中绘画题材元素对花鸟画创作的影响

（一）民间绘画题材元素的特征

"中国民间艺术是一种观念艺术。它反映在艺术造型上，就是具有内涵象征的特定艺术语言"。[①]

在其统一的民间哲学观和朴素的艺术审美特征下，民间绘画题材中很多内容与生命的崇拜与繁衍以及对吉祥生活的追求密切相关，在创作的同时，也反映他们丰富的艺术想象力。如：莲花是汉代随着印度佛教的传入而在中国民间广泛流传开来的图案。红莲花在佛教文化中是代表女性的，佛教六字箴言"唵嘛呢叭咪吽"翻译出来就是"神圣的红莲花"，意即女性。它是古代埃及象征女性内涵的神圣红莲花传入印度后进入佛教文化中的。在中国民间美术中有大量诸如"娃娃彩莲"、"莲花娃娃"、"娃娃坐莲花"、"鱼戏莲"（图3-25）。"鱼唆莲"的题材，就是以莲花象征女性，都是原始女性生殖崇拜观念的遗存。在抓髻娃娃剪纸中有一类

---

① 靳之林：《民间美术的整体认识与教学》。

造型，是抓髻娃娃分娩姿势与板凳或者"笙"的抽象符号的组合。在抓髻娃娃剪纸中常以金瓜、南瓜、石榴、葫芦等这类多子（籽）的植物果实象征人类的生育。

从作品中，人们既可以看到传统的吉祥图案，又可以看到有趣的动物、植物，还可以看到历史传说中的英雄好汉，看到戏曲和神话故事。

民间艺术的题材广泛，它和民俗活动有极为密切的关系，是伴随民俗活动而发展的。如：春节前后用年画、剪纸，元宵节的花灯纸扎；端午节悬挂的天师符、钟馗像、五毒服装饰件及龙舟彩船；中元节的荷花灯、中秋节的月饼花模、泥塑兔儿爷；祝贺幼儿百天和生日用的虎头帽、虎头鞋、长命锁、长命衣等等。

（二）民间绘画题材元素对花鸟画创作的影响

个案分析

1. 以虚谷花鸟画作品的鳞鱼为例

在我国的艺术史上，最早有关鱼的绘画，大约出现在西安半坡出土的公元前四五千年的彩陶中。这类鱼纹贯穿于半坡型彩陶文化（仰韶文化）的始终。从彩陶上看鱼纹的演变规律，是极有意义的。后来艺术的发展，不过是这类规律的更高级的演变，如螺旋之上升而已。如果我们从战国帛画《御龙图》、汉代画像砖（如《弋射图》、宋代的《游鱼戏藻》，乃至清初恽南田的《落花游鱼》、八大山人的《墨鱼》再到虚谷的作品，将其中所绘的鱼编成一个"鱼谱"，试看有无发展之规律，而将这些规律与彩陶中的鱼纹变化的规律作一一对比，我们就会惊喜地发现：何其相似！虚谷的鱼（金鱼、扁鱼之类）（图3-26）选材独特，很显然受到民间

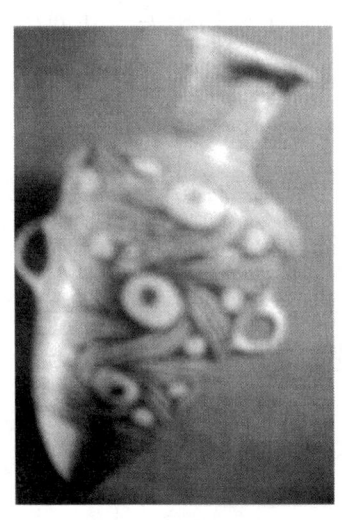

图3-26　半坡形彩陶

彩陶艺术中原生态绘画元素的影响。

2. 林风眠在花鸟画的题材选择中借鉴了汉画像石

在一片苍凉的云水间，那掠空而去的飞鹭，牵动了多少观者的心。从若干研究林风眠花鸟画的文章中可见，论者普遍为这一独特的造型样式所吸引，但却未见有人提及，"林氏的飞鹭是从汉代画像砖中飞出来的"（苏天赐先生语）。

3. 齐白石平民化的花鸟画作品题材

齐白石不仅表现群众所熟悉的事物，也传达他个人丰富的艺术想象力。从作品中，人们既可以看到传统的花鸟题材，又可以看到传统的花鸟题材中少有的有趣的动物（老鼠、飞蛾等）、植物等（图3-27）。因此，可以说民间艺术中的题材元素和平民思想深深地影响着齐白石的花鸟画作品的题材。齐白石出生于民间，对民间艺术了解深刻，因此齐白石先生的花鸟画作品充满乡土气息，在人民群众中广泛流传，他本人也成为近现代花鸟画界中卓有成就的艺术大家。

我们分析了民间绘画艺术中民间造型、色彩、构图、题材的艺术特点，并且解析了近现代和当代较有代表性艺术家的作品，对作品中所体现的民间艺术特点也进行了较深入的阐释，他们成功的经验足以说明传统民间艺术（"俗文化"）的魅力所在，正如已故美学家朱光潜所说："创

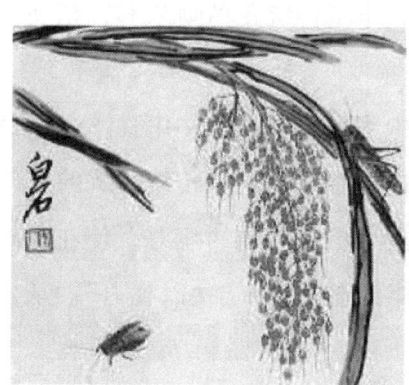

图3-27　花鸟册页　齐白石

造是旧经验的新综合。旧经验大半得诸摹仿，新综合则必自出心裁。"没有一个画家可以不参考前人的经验，凭空创造出伟大的艺术品。很多艺术家的成功或多或少都受到了民间艺术创作本体（民间艺术绘画元素）的影响。

"20世纪在30年代，传统的民间艺术不为人重视，但只要追溯历史就可以看到在唐以前，民间传统是艺术的主流。到了宋以后，文人传统才开始兴盛。民间美术是一片埋藏着丰富的形式和形式美宝藏的土地，是中华审美心理结构的主要支架。"①

从本文的论述中，我们可以清晰地看到，民间艺术中各种共存的原生态绘画元素对花鸟画创作的巨大影响。这也进一步让我们更为深刻地认识到"东方文化的自身价值"，发掘中国民间艺术的原生态绘画元素，再以中国特有的文化观念来创作中国花鸟画，意识到当代花鸟画艺术从封闭性走向开放性，从共性化走向个性化，从唯理性走向普适性，从文人化走向公众化的时代需求。中国花鸟画艺术必会在古人的程式化窠臼中走出来，"雅""俗"共赏的当代花鸟画艺术新风即将兴起。

明晰了花鸟画艺术中已有的民间性艺术特点（主要是花鸟画艺术对民间艺术元素的借鉴和与二者有益的融合），当代花鸟画家需要主动地关注非主流文化，在继承主流文化和优秀的花鸟画程式传统的基础上，汲取民间艺术精华和蕴涵，走入生活，丰富传统花鸟画艺术，拓展现当代花鸟画艺术的创作空间。

花鸟画不仅是一个画种，也是中华民族精神的文化载体，是民族文脉传承与弘扬的一个具体的艺术样式。在守卫这一传统样式的基础上实现从传统到现代的转化，使其自身具有更新修复的能力，使花鸟画成为中国精神文化的载体，现代人类精神交流的一种"文以载道"。从发展的

---

① 关山月美术馆编：《石破天惊》，广西美术出版社出版，2005年版第44页。

眼光来看，现当代花鸟画家们在艺术思考、艺术表现方面也是有着很大的变化。当代花鸟画艺术在开放的时代氛围中从传统走向了现代。但是对花鸟画现状与发展的思考也将是众多画家和评论家依旧要关注的问题，花鸟画的精神内涵、审美取向、技法特点、品评标准、发展指向、文化环境和文化战略等一系列问题是需要我们这一代人共同思考和解决的。

没骨花鸟画：从传统走向现代

随着艺术的发展和时代的变革，人们面对全面开放的文化语境和无比畅通的信息时代，如何推动花鸟画创作从传统向现代的体格转换，便成了每一位有志于花鸟画的创作者无法回避的严峻课题。没骨花鸟画艺术是这种变化趋势中一种顺乎潮流的扩展或延伸。探索生命的本质，追求精神的归宿，向往现实的理想生活，构建理想境界的真、善、美，这是当代没骨花鸟画艺术的使命。由审美理想的发展需要与绘画语言价值作用两者的相适是当代没骨花鸟画艺术得以发展的根本，也具体地表现出属于当代人自己的精神特征并成就了其与众不同的艺术形式。以健康明亮的创作心态和创作热情，以明晰的理念把一种酣畅淋漓的清新气息灌注到作品及笔墨情调中，为我们营造出一个鸟语花香的精神世界是当代没骨花鸟画的艺术理想。创造性的艺术面貌将完美地展现当代没骨花鸟画的艺术演变历程，大量的艺术作品浓缩凝结着其审美的演进。从岁月留存下来的艺术作品

梅花图　（宋）黄居寀

杂花作品　陈淳

中最能清晰的透析出面貌形成的艺术脉络，它往往与当代没骨花鸟画家的生活方式、生活环境和文化背景有着密切关系。因此对当代没骨花鸟画艺术面貌的演变应基于作品自身的面貌，并究其社会文化的内涵主旨和形成这种艺术形式的语言技法特性。这种双重性的研究才可以使我们真正认识当代没骨花鸟艺术的本质——那就是形成视觉美感的基本思想和表现这种思想的方法。下面将通过剖析古代没骨花鸟画的历史脉络梳理溯源，延展到当代没骨花鸟画创作的风格探索。

一、古代没骨花鸟画溯

早在新石器时代，我们的先祖就开始不用勾线，直接用色彩涂出形象。如在青海大通县上孙家寨马家窑文化遗址出土的舞蹈纹盆，就是用"没骨画法"不加勾勒生动表现了一群手舞足蹈的舞者形象。黑山岩画上也可以看到许多用"没骨画法"绘出的牛、羊、鹿等形象。

"没骨画法"的进一步完善，可以追溯到南北朝的肖梁时期。伴随着佛教及佛教艺术的传入，在"南朝四百八十寺"的时代背景下，产生了专攻佛事的专家。描画点染皆用天竺遗法，这种方法用朱和青绿绘成。所谓"朱及青绿所造"指的是直接用红、绿、蓝三种颜色绘画，纯以烘托晕染法，使花鸟看上去有凹凸的感觉。由于这种"凹凸花"直接用色彩绘画，并纯以烘托晕染法，所以是有史料可考的最接近"没骨花"的绘画方式，是没骨花鸟画的始祖。另有直接用毛笔阔笔绘出墨底，再上重色最后重色覆盖了墨底的没骨画法。随着历史的发展，这些表现形式在五代、北宋的"没骨花"中得到进一步体现。尉迟乙僧是唐时佛事画家，他不仅继承了"凹凸花"法，同时创造了"点画"的新方法，为"凹凸花"向"没骨花"转化提供了过渡。由于他在佛事画中的权威地位以及他的"点画"的"甚为酷似"的效果使他的画法得到了当时社会的认同，对当时的花鸟画创作产生深远影响成为必然。唐代的边鸾、五代滕昌祐就是沿用"点画"的方法。这种写生的传统贯穿了整个"没骨花"发展过程的始终，对"没骨花"演变发展起到了重要的推动作用。边鸾的这种花鸟画传统延续到五代，在花鸟画家滕昌祐笔下得到继承和发展。

  总体而言，形象和色彩是画家着意表现的内容，轮廓线在画面中的作用是相当次要的，只是作为染色的依傍。这段史料清晰展现了"没骨图"逐步由"凹凸花"发展为"点画"再变为"没骨图"的过程。滕昌祐的"点画"之法是徐崇嗣所创的"没骨图"的铺垫。在欣赏《写生珍禽图》时对比崔白的作品，很容易发现"线"的不同作用。黄筌虽然也勾轮廓线，但是轮廓线只是用来造型的，渲染后隐没骨线，所以黄筌所作的是隐没骨线的没骨花鸟画。史料中最早关于没骨图的记载是沈括的《梦溪笔谈》，"没骨图"的名称由北宋花鸟画家徐崇嗣所创。徐崇嗣创"没骨图"的直接原因是为在画院求生存，由于他的祖法为黄派所倾轧，所以不得不仿效当时主流画派黄筌画派画法"更不用墨笔，直以彩色图之"并定名为"没骨图"。他画风的改变的并不是直接因袭黄派画法，而是在黄派崇尚的以色为主、层层渲染、工整富丽的原则上发展。之所以称"没骨图"是由于这种画法抛开了"骨法用笔"，不以圈线做轮廓，而直接以色彩渲染。可以说徐崇嗣的"没骨图"是在黄派画法的基础上发展出来的，主要区别在于黄派用极细的线勾勒轮廓再绘制色彩而他却"直接用色彩涂之"。这种"直接用色彩涂之"的技法达到了黄派画风追求的效果——"用笔极新细，殆不见墨迹，但以轻色染成"，和黄派画风成异曲同工之妙。研究他的"没骨图"还得从世称"黄家富贵 徐熙野逸"的黄筌、徐熙研究开去。徐熙——"直以色彩涂之"的"没骨图"的技法来源。徐熙，是徐崇嗣之父或祖父。他身为江南显族，却宁为"江湖处士"也不愿作官，当徐崇嗣已进入内廷任供奉画家，他却以布衣身份来往于朝野。由于他所处的环境和"志节高迈，放达不羁"的心态使得他的作品和黄筌呈现出两种不同的风貌。在取材上，多取自然中野生花鸟。

在技法上，不用古法，"意出古人之外"。《圣朝名画评》云："熙善画花竹林木、蝉蛙草虫之类，多游园圃，以求情状，虽蔬菜园苗，亦入图写。意出古人之外，自造于妙，尤能设色，绝有生意。"可见他用的是其独创的"落墨法"，尚骨气风神。他的画法是在写生的基础上，用墨先写出形象，再在这已经有"骨气"的形象上傅色。关于"落墨法"究竟是怎样的技法，书画鉴定家谢稚柳先生认为"落墨"即"把枝叶、蕊、萼的正反凹凸，先用墨笔连勾带染的全部把它描绘了出来，然后在某些部分略略加一些色彩"。这种画法要求画家有高超的技巧，可以说是一种不用画稿直接勾染的技法，同时要求画家有极强的造型能力，才能成就气骨，"与造化之功不甚远"。

徐崇嗣的没骨画"直以色彩涂之"，也是不用画稿直接描绘的方式，与黄筌的先勾线，再隐没线的方式最大的差异就在于前者在造型技法上的要求更高，这正是由于他具备深厚的家学功底。"没骨图"结合了黄筌、徐熙两派的画法，将徐熙的墨笔换成了黄筌的色彩，将疏草草改为精工细染。所以徐崇嗣的"没骨图"是在黄筌、徐熙的基础上各取所需，由此看出"没骨图"的名称出自北宋徐崇嗣，徐崇嗣将徐熙"落墨法"的高超技艺和黄筌的工丽色彩有效结合，不用墨线勾勒定稿而直接用色彩渲染，开创了没骨画的新形式。这个时期的代表画家还有赵昌。他在注重色彩渲染的同时将写生提到了前所未有的重要高度。使这一写生传统一直贯穿于没骨花发展的始终。

马家窑彩陶 1　　　　　　　马家窑彩陶 2

没骨花鸟画追溯到元代时候，由于历史和社会的种种原因，没骨花鸟画从工整走向文人的抒情写意画风。元代是中国历史上第一次被"外族"统治的时代，宋时由帝王主持的宫廷画院也不复存在了，画家的地位随之一落千丈。这一时期民族矛盾尖锐，文人士大夫多不得志，往往隐于山林，将胸中逸气抒发于砚田，文人画得到空前的发展。随着苏轼的不求工但求意的绘画理论的盛行，加之元代文人画的影响，宋时精工富丽的没骨花逐渐被画家厌弃，取而代之的是水墨文人画的盛行。在这种时代背景下，北宋以来崇尚色彩的没骨画转为"墨花"的以纯墨渲染的形式，同时向意笔的方向发展。明代对色彩的重新崇尚和元以来的写意倾向使没骨花鸟画逐渐形成一种用色彩直接挥写的更为自由的新形式。这一系列新形式是在宋人没骨的基础上发展出来的，同时也为后世没骨花的飞跃提供了基础，同时，他的影响不仅局限在没骨画上，对后世写意画的发展起了重要作用。

代表画家有钱选，他画的草虫设色得当，绝不刻板，尤其值得注意的是他在描绘残荷、杂草所用之法正是北宋徐崇嗣的没骨画法，只是较为徐崇嗣更为写意罢了：芦草直接用不同倾向的赭色调和浓淡墨色一笔写成，小叶也是用不同浓淡的色墨或晕染或点画，清爽雅致。在残荷的描绘上更突出了对没骨画法的发展：残荷中间用墨晕染，叶片边缘为赭色点染，点染中有带有深浅变化以示前后虚实，残叶反转包向叶心，在残叶与叶心交界处巧妙的留有一道水线，使两色不互相渗透。这种空水线的方法对没骨画的发展有着极其重要的作用，可以说这种没骨画法开拓了没骨画表现的领域，极大增强了没骨画法的表现力。由于没骨画法不用墨笔圈线直接用色彩渲染，没有勾勒的轮廓线，叶片花朵的反转、遮掩、前后都较难表现，但是水线起到了加强这些表现的重要作用。不仅可以使两种色彩不互相渗污还类似一条白色的轮廓线，却又没有轮廓线的刻画痕迹，表现物象更生动自然。沈周、恽南田等人的没骨画对后世有着重要的启示和不可忽略的影响。没骨花鸟画在元代主要表现为"墨花"的形式，代表画家有王渊。他的代表作是《竹石集禽图》。

元末至明，纯写意的没骨花鸟画大量出现，同时，由于对色彩禁锢的解开，没骨花鸟画也重新披上色彩。这一时期的代表画家有张中、孙龙、沈周等人。他们的努力不仅推动了没骨花的发展，同时对后世也有深远影响。其中张中不仅用纯墨，而且也用色彩，并且在色彩方面作出了新的发展。清代方薰评论他的《桃花小帧》时说："元张守中墨花翎毛，笔墨脱去窠臼，自出新意，真能妙神得者。石田常仿摹之。设色绝少。"传统美术史一般认为张中是花鸟画向写意过渡的画家，他的墨花墨禽和松动的笔法将花鸟画推向了新的写意的境界，主要贡献似乎在写意发面。但是，他用粉笔带脂的方法和在传世作品中用墨色直接挥写出花叶的表现手法毫无疑问是纯没骨的。所以，如果说张中的花鸟画是写意花鸟画的先声，那么同样也是明清没骨花鸟画的先驱，他不仅加重了没骨画的

马家窑彩陶

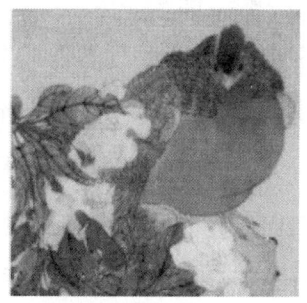

花鸟　任伯年

牡丹图　腾昌

竹石集禽图　王渊

写意色彩而且在色彩上有新的发展。明代前期杰出花鸟画家孙龙学习了张中的没骨写意法，并且在前人基础上，拓展了没骨法的技法手段，丰富了它的表现力，进一步推动了没骨花鸟画的新发展。随着这种风气的兴起，明中后期，没骨写意开始兴盛。期间出现了沈周、孙艾、陈淳、陆治、王问、周之冕等没骨写意画家。尤其是陈淳，他的带有极强谢意色彩的没骨花卉，随意点染，意趣盎然。陈淳曾从文征明学书画，从没骨写意，艳丽清新。

在写意的没骨花全面勃兴的同时，新的没骨花正悄悄孕育着，这种新的没骨花即是清初恽南田的工整妍丽的没骨花。沈周、陆治、项圣谟等画家不同程度地带有没骨法的花鸟画，为以恽南田为代表的常州画派的没骨画颠峰敲响了前奏。

沈周，字启南，号煮石僧，晚号白石翁。宣德二年（1427）年生于苏州。他在花鸟画创作中主要师法元人，同时在精神上崇尚五代徐熙的野逸风格。对元人钱选、王渊的临习和精神上对徐熙野逸推崇的文人倾向，使他创造出直至今天都很有影响力的写意花鸟画的时代风尚。

元末清初的花鸟画坛，一片写意风貌。此时，在元明得到空前而自由的发展，写意性没骨画法由八大山人继承并发展为淋漓洒脱的大写意，脱离了没骨画的范畴。与蓬勃发展的写意没骨和大写意形成强烈对比的是——自宋以来工整富丽的没骨传统显现出的长久的空白和断代。在这种历史背景下，恽南田"以北宋徐崇嗣为归"创造性的继承并发展北宋工丽的没骨形式，重新唤起对工整富丽的没骨画的崇尚，使这种没骨花鸟一跃成为花鸟画的正宗。

恽派没骨花崇尚写生，既带有北宋没骨画的富丽工整又带有元明时期的写意性。这种没骨画法工整而不刻板，色彩浓重却妍雅，带有文人画的气质。此阶段的没骨画对整个画坛和对美术领域的影响在深度和广度上都达到没骨花鸟画的巅峰，成为倍受后世遵崇的没骨花鸟画的新传统。自北宋没骨画出现以来，历史上第一次将没骨画的地位提到空前的高度，成为占主导地位的花鸟画形式。恽寿平绘画艺术成就，突出体现在他的写生花卉画方面。他的花卉风格清新细丽、淡雅秀逸，以广泛的题材、真实生动的艺术形象、秀润的笔墨和设色，创造了"清如水碧，洁如霜露"的"没骨花"法。他站在元明画家的写意没骨基础上，特别是吸收了明人沈周、周之冕、陆治、陈淳等人的技法，同时由于他自身的文人气质，以及在精神上对五代徐熙的"气骨天成"的"逸气"和徐崇嗣的"不用笔墨，全以五彩染成"的"没骨花"的精神上的尊崇和向往，通过自己的反复实践和不断研究探索，将写生和写意有机结合，"复活"了北宋徐崇嗣的工整的没骨花卉技法，同时加进新的内容，而变成全新的恽派没骨花。可以说，元明以来的写意没骨的成就和对五代、北宋没骨花的精神崇尚是成就恽派没骨花的不可或缺的两个关键因素。也可以说，他的精神人格和徐熙、徐崇嗣是一致的，这

禽鸟图　八大山人

就是他能够创造性的发展"没骨花"的深层基础。这种回归和恽南田的人格经历有关,也和特定的历史文化环境有着紧密联系。恽寿平的没骨写生花卉画作品,其特点是"粉笔带脂,点后复加以染色足之",点染同用的"没骨花"法是与黄筌的工笔重彩画法的过于工丽,徐熙、赵昌的落墨花法的"未脱刻画"而迥然不同的新画法。工整妍丽、求逸求真,不用纯墨,全用色彩加入水分和脂粉调合后直接用笔挥写,来描绘所要表现的花卉,使之既真实又生动,达到形似与神似紧密结合的理想境界和效果。他"工整妍丽、求逸求真"在特点上表现为注重师造化、注重笔墨技法、讲求设色等方面。他师造化,重笔墨,并追求意境。他曾言:"书无点,不可以言书,画无笔墨、不可以言画。"又云:"有笔有墨谓之画,有韵有趣谓之笔墨,潇洒风流谓之韵,尽变穷奇谓之趣。"恽寿平在设色方面的论述也颇为精当,他写道"俗人论画皆以设色为易,岂知渲染极难,画至着色,如入炉重加锻炼,火候稍差,前功尽弃,三折肱知为良医,画道亦如是矣"。至于如何用色,他说:"前人用色有沉厚者,有淡逸者,其创制损益,出奇无方,不执定法,大抵浓丽过之,则风神不爽气韵索然,惟能淡逸而不入于轻浮,沉厚而不流为郁滞,傅染愈新,光晕愈古,乃为极致。"这些都是他的经验之谈。特别是以他为代表所创立的,全以色彩的调和巧变为主要手段的没骨法,更是异乎寻常地把握住色彩的合理运用。"一变浓丽时习"而宗尚"淡雅"的基调,还各种花卉的"本色",确实,他许多设色山水画或花卉画作品在用色方面,无不千锤百炼而达到炉火纯青的境地,表现了淡逸而不轻浮、浅薄,沉厚而不郁结、凝滞,光彩夺目而又潇洒出尘的艺术效果。他主

徐崇嗣作品

张运笔作画必须具有充沛的情感并体现到自己的作品中去,进而传达给观者,使观者"生情"。他写道:"笔墨本无情,不可使运笔墨者无情;作画在摄情,不可使鉴画者不生情。""作画须优入古人法度之中,纵横恣肆,方能脱落时径洗发新趣也。"但是他又常常提醒人们:

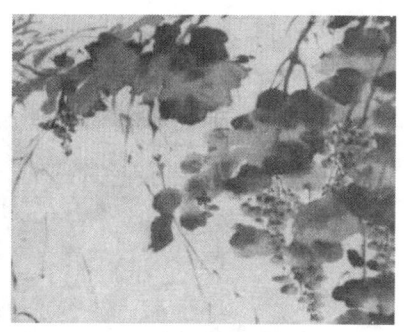

墨葡萄图　徐渭

学习古人绝不可跟着古人亦步亦趋,毫无变化。他对待前人的绘画理论也不是盲目遵从,他说:"尝谓天下为人不可使人疑,惟画理当使人疑,又当使人疑而得之。"恽寿平所追求的高雅格调就是所谓"逸格"。自南宋、元代以来,逸格,一直被列在品评绘画艺术高低的首位:"高逸一种,盖欲脱尽纵横习气,淡然天真,所谓无意为文乃佳,故以逸品置神品之上。"

　　清代没骨花鸟画步入颠峰后,仿效者甚多,但是大都没有理解没骨之精髓,使得没骨花鸟画走出了主流。没骨花鸟画在多变的历史文化背景中继续演变和发展,转为与其它画法融合发展并用的形式。近现代的任伯年就是集成没骨花鸟画的代表人物之一,他的作品融合了西洋水彩画的丰富色彩,拓展了近现代没骨花鸟画的另一个广阔天地,对后人的影响重大。现代的贾广健、林蓝等人也把写生和丰富色彩密切结合,创作了一大批具有时代和现代生活气息的作品。

　　我认为,进一步研究梳理没骨花鸟画的历史脉络,对当代没骨花鸟画有着极其重要的意义。当代没骨花鸟艺术风格的形成大体通过四个方面的演变:一是对东西方经典的学习与研究决定了当代没骨花鸟挖掘传统的深度和创新的高度。二是对自然万物的关照是经典与自我交流的链接。三是现代审美理想的构建为其没骨花鸟的创新找到了审美的归宿。四是与众不同的没骨花鸟语汇是自我风格形成的关键。

牡丹图　恽寿平

一、对传统的学习与研究决定了当代没骨花鸟挖掘传统的深度和创新的高度。艺术离不开传统，传统已经成为潜在的约定，随着频繁的中西文化艺术交流以及不间断的现代思潮的涌动，也使我们意识到文化断层的自身因素以及日益加速的西方化的社会生活和意识形态转变，确乎已经很难再将属于20世纪以前的传统含义调整到21世纪以来的社会中来，于是中国画坛发自内心的危机感也促成有关中国传统文化精神的振兴意义。作为一个当代画家，从当代艺术家的视角，在对传统学习时带有自己极强的个性化理解和个人风格上的主动追求。在观照东西方经典绘画时，很自然地对传统花鸟能自会于古人之外，开拓出属于自我的艺术空间。

传统文化孕育了当代艺术家，而艺术家也从传统的绘画语言中找到了与自己相对应的技法与符号。画面上所呈现的审美气息，折射出画家自身丰富的情感和比较全面的东西方艺术积淀。这是长期努力与刻苦实践的结果，是其进入自我表达状态的重要标志。但画家对传统的学习，并不淹没现在的创作或自我风格的形成，只是在这些经典的艺术作品和自己的作品之间有一个修炼和时间上的鸿沟。当代画家在识读经典、研究风格的过程中，跨越时空，与先哲对话，领略其中博大精深的文化内蕴，得到不同的文化滋养。通过对传统的学习，体察到百家争鸣的千年书画何以有序发展，起伏跌宕的书画领域何以指向永远，从中把握花鸟传统内在的整体以及对其主旨的创造性阐释。

当代国画艺术家是结合不同风格取向的古代和近现代的名家的学习来完善和提高自身的技术内涵与形式的丰富性的。首先，基础要全面，是当代国画家取得成功的重要原因。很多当代艺术家所受的教育，对艺术的涉猎都非常广泛，如水彩、水粉、油画、水墨、彩墨、书法、山水、花鸟、人物、临摹、写生、创作等等。之后慢慢地走进中国画领域，先画工笔，后来又转向没骨花鸟，一般是具有各方面绘画基础的艺术家。要想在当代没骨花鸟画领域取得突出的成绩，要和艺术家早期的绘画基础比较全面有关。其次，对传统的挖掘是取得成功的另一重要原因。在研习花鸟画的初始阶段就需要追溯宋元画风，宋人那种清新蕴藉、宁静雅致的审美境界，从那里感悟到体察入微、捕捉生命的真意。经典的宋人花鸟画和历代优秀的传统绘画作品不但塑造了艺术家的感受方式而且对艺术家今后审美标准的建立也具有重要意义，通过对经典作品的学习，不仅掌握了传统的勾染技巧，而且建立了内心感受与各种绘画语言的联系。对传统经典工笔和没骨花鸟画的认知，影响到当代没骨画家对艺术的态度以及对艺术家行为和艺术品价值的判断。扎实的工笔画功夫也是

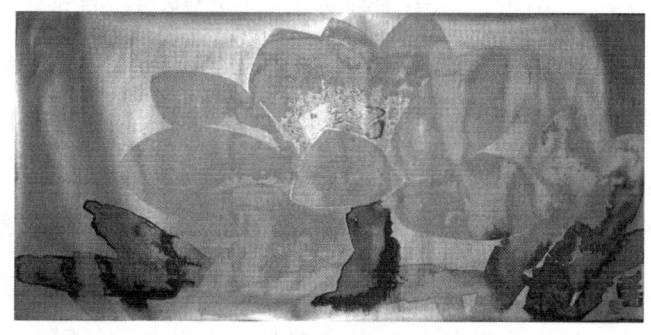

没骨花鸟作品　林蓝

当代没骨画家追求个性化语言的基础。如果说，工笔花鸟画的意义在于"赋生命以形式"，那么当代的没骨花鸟的意义则在于"赋形式以生命"。

二、对自然万物的关照是经典与自我交流的平台。艺术的感悟源于对生命的体悟，对物象本体的深刻体悟是当代没骨画家标举自我艺术面貌的关键。以物象指向情感，以有限表现无限，是当代没骨画家艺术价值的所在。艺术创作离不开悉心体物，离不开独到发现，离不开画家对自然万物突如其来的审美体验。当代没骨画家的没骨花鸟画作品是在当代文化的语境下关照自然万物的写照，要站在自己的审美角度独具慧眼地去观察生活，用情感去审视、思索、敏锐的在司空见惯的物态中发现美，获得创作灵感。要坚持身临其境，深入体察万物的风晴雨露，咀嚼造化的朝晖夕阳，会心于春荣秋调，用心灵去解读花草飞禽的万般风情。当代没骨画家需要通过对自然万象的会心体察积淀创作的底蕴，陶铸出属于自己的表现语汇，饱含了对花草飞禽灵动生命的欣赏、陶醉与赞美，让人的气质和花草品格在画面上共同呈现。让画家笔下的意象成为画家与客观物象之间一种深厚的神交同构，在净美有序的花鸟艺术氛围中，洗练的艺术形象背后隐藏着画家对生命的理解与感悟，是把人的悲喜情绪延伸到自然生命的观照中给欣赏者以物我相通的启示。

三、现代审美理想的构建为其没骨花鸟的创新找到了审美的归宿。新的绘画表现方式的被发现往往源于对其所处时代的敏感，及对当下文化及环境的认识。20世纪，中国画开始向现代转型，直至今天中国画仍旧在现代的蜕变中探索，这些探索无一不包含了对现代性的思考以及对现代艺术的借鉴。现代生活中"人的精神"的转变，要求中国画改变陈旧的审美范畴，否则它就只能成为古画的复制品，而非艺术品。那么，对传统没骨花鸟语意结构的改变，在某种程度上代表了当代没骨花鸟画家的没骨花鸟作品比较现代的审美特征。怎样能使传统没骨花鸟具有现代性、时代感，是当代没骨花鸟画家需要一直思考的问题。也许正是这一因素，带来了当代没骨花鸟画家在审美理想构建时的一系列反映，诱发思维的跃动，从而找到作画的审美归宿。审美归宿的明确是当代没骨花鸟创造在绘画技法与绘画语言形成的先导。当代没骨花鸟画家一直在寻找传统没骨花鸟和现代文化审美的契合点，借用传统文化的

果蔬系列之一　贾广健

深层语义诠释当代审美是当代没骨花鸟所要表达的主旨，也是作品的实际意义所在。采用没骨花鸟的绘画语言，却尝试着一种不同于传统没骨花鸟的语义表达。从一个新审美取向的角度拓展了没骨花鸟表达现实精神的能力，并实现了一种"审美样式"的转换，使一种旧的审美样式获得重新表达的机会。其不仅在艺术形式上将花鸟画题材表现得华丽、充盈，而且题材的内涵也更加丰富饱满，将抽象的语言精神和具体的意象造型互相结合，在现实与心灵间找到了绘画语言表达的韵律。当代没骨花鸟艺术的审美理想体现了对当代人精神面貌的尊崇和对非现实的生命神性的追寻。它所体现的美的理想是与善的统一，是人们把希望和理想寄托于人文精神和生命神性的朴素的展现，是其个体的心理感受和要求。

　　四、与众不同的没骨花鸟语汇是自我风格形成的关键。具有文化特异性的没骨花鸟语言的创造是当代没骨花鸟画家标示自己绘画面貌的关键。画家究其绘画语言，实质上走的是一条从语言感受到文化领悟的艺术之路，其表达方式闪烁着独立的个性美。通过技法层面上的突破来带动艺术语言层面的拓展，重视形式法则和彩墨效应的研究，用现代人的观点和眼光去分析领会前人的佳作。画家的绘画创造意识超越了画家的技法意向，以一种比较开放无所羁绊的心态来创作，将其它画种的视觉元素融会于传统的花鸟画语言，义无反顾地抛弃传统的集体笔墨规范的

林蓝作品

同时不懈地探索着个体规范,来开掘物象性格深层结构的内容。

第一,对个性化彩墨语言的追求是当代没骨花鸟画面貌形成的关键。当代没骨花鸟画家经过多年的学习与实践,在自我独特的审美观照中,从自然中凝聚提炼出贴近自然的表达方式,建构起新的艺术形象,展现了新的审美面貌。对没骨花鸟画泼墨、破墨等表现手法最大限度地发挥了水的作用。其笔墨在运转流动中自然产生的韵致,具有强烈的自我意识和生命精神。从画家笔端流淌出的是诗情对自然的呼吸,也是心性放纵的舞蹈。画家独特的画语诉说着许多纯情而质朴的感受,表达了自己内心对生命和神性的体验与关爱。对于当代没骨花鸟画家的艺术作品来说,彩墨已不再是看起来像什么,而是能不能从中体验到生命的韵律、节奏和意味,彩墨已由一般形式转化为具有独立审美意义的形式美感。甚至不必把形象看做生命体,也能从中获得生命的体验。生命已不再仅仅是一个个活生生的生命体,而是一种抽象的运动形式。

第二,当代没骨花鸟的语言创新无意中形成比较自我的造型方法,其形态扼要中肯,简洁自然。没骨花鸟笔墨造型艺术是"意",是与"象"连在一起的,确切地说是"意象"造型,处于写实与抽象之间,在塑造形象时,并不刻意地去追求严格的比例和解剖,不去追求外在形象的精确与酷肖,而是重视情感的感受与体验。它既不会使人产生一览无余的简单,也不会令人有望而却步的深奥。它引导人们在一种似曾相识的心理作用之下,去把玩、体味、感觉艺术作品的整体及每个局部、细部的"意味"。

第三,重新审视历史,我们发现没骨花鸟在用色上发展到清末已经高度的程式化、概念化。以往温润淡雅的传统设色随着时代的巨变逐渐失去了赖以依托的文化背景和精神支持。当代没骨花鸟画家在研读古今中外绘画的图册资料，观摩经典名作，不断摸索，反复实践，有目的地吸收西方现代艺术，从而凸显出了当代没骨花鸟画家在用色上的个人面貌。注重表现水墨迹象的丰富性，以变幻莫测的彩墨效果拓宽了随类赋彩的施彩方法，使没骨花鸟在笔、墨、色丰富的表现意义上有自己的独立面貌。作品强化了中国画色彩的表现力，使画面出现丰富的视觉效果，突出了画面视觉的感受力，给人一种色彩浓重、光泽变幻莫测的感觉，既充分展现了彩墨的水韵效果，又有鲜活的物象底蕴，自成面貌。

第四，当代没骨花鸟画家在构图、观念等表现手段上大胆借鉴了西方近现代绘画的形式表现语言，逐步形成了自我的图式面貌。构图具有当代性、设计性、装饰性和图式的表现性特征。尤其近几年来当代很多没骨花鸟画家喜欢用比较当代的满构图，追求和谐的构图原理，作品空间构成层次分明，结构紧密，而这些构图是画家依循个人的观点与直觉来逐步实现的，而且在经营整体气息时又注意局部质感的表现。

当代没骨花鸟画家需要多方求教时贤，转移多师，兼收并蓄，循序渐进，在没骨花鸟画创作方面积累个人丰富的经验。在长期的艺术实践中，通过不懈的学习和探索，实现从形式审美到内涵审美的转变，审美由客观到主观的跨越。在审美和形式上一直变化着、探索着，其演变的不仅仅是技艺，更是观念。当代的没骨花鸟画艺术的感染力与其说表现在形式方面，毋宁说是蕴藏在艺术品表现出的艺术家的生命体验和情感释放在形式语言上的创新。正是这一点才体现着它独特的艺术魅力。作为一位当代没骨花鸟画家，要以自己的艺术实践，继承古代没骨花鸟画的精髓，通过个人的当代没骨花鸟画创作实践，阐释当代没骨花鸟的价值和意义。

古代花鸟画论（节选）

昔时与可墨竹，见精缣良纸，辄愤笔挥洒，不能自已，坐客争夺持去，与可亦不甚惜。后来见人设置笔砚，即逡巡避去，人就求索，至终岁不可得。或问其故，与可曰：吾乃者学道未至，意有所不适，而无所遣之，故一发于墨竹。是病也，今吾病良已，可若何？

北宋·苏轼《苏东坡集》

乾象天，天行键，故为马。坤象地，地任重而顺，故为牛。马与牛者，畜兽也，而乾坤之大取之以为象。若夫所以任重致远者，则复见于《易》之《随》，于是画史所以状马牛而得名者为多。至虎豹鹿豕獐兔，则非驯习之者也。画者因取其原野荒寒，跳梁奔逸，不就羁靮之状，以寄笔间豪迈之气而已。

北宋《宣和画谱》

韩干，京兆人也。明皇天宝中召入供奉。上令师陈闳画马，帝怪其不同，因诘之。奏云：臣自有师。陛下内厩之马，皆臣之师也。

唐·朱景玄《唐朝名画录》

韦偃，京兆人。寓居于蜀，以善画山水、竹树、人物等，思高格逸。居闲尝以越笔点簇鞍马人物、山水云烟，千变万态。或腾或倚，或龁或饮，或惊或止，或走或起，或翘或跂，其小者或头一点，或尾一抹；山以墨干，水以手擦，曲尽其妙，宛然如真。亦有图麒麟之良，画衔勒之饰，巧妙精奇，韩干之匹也。画高僧、松石、鞍马、人物，可居妙上品，山水人物等居能品。

唐·朱景玄《唐朝名画录》

弟子韩幹早入室，亦能画马穷殊相。幹唯画肉不画骨，忍使骅骝气凋丧。

唐·杜甫《丹《青引赠曹将军霸》

镡宏，成都人，工画花果。复师王友，初云齿教，后即肩随矣。以上各有图轴传于世。

易元吉，字庆之，长沙人。灵机深敏，画制优长。花鸟蜂蝉，动臻精奥。始以花果专门，及见赵昌之迹，乃叹服焉。后志欲以古人所未到者驰其名，遂写獐猿。尝游荆湖间，入万守山百余里，以觇猿獐鹿之属，逮诸林石景物，一一心传足记。得天性野逸之姿。寓宿山家，动经累月，其欣爱勤笃如此。又尝于长沙所居舍后疏凿池沼，间以乱石。丛花、疏篁、折苇，其间多蓄诸水禽，每穴窗伺其动静游息之态，以资画笔之妙。

北宋·郭若虚《图画见闻志》

盖蜂蝶之画，其妙在粉笔约略间，故难得者态度；非风流蕴藉，有王孙贵公子之思致者，未易得之。

北宋《宣和画谱》

汉王元昌，高祖第七子，少博学善画。李嗣真谓元昌曰："天人之姿，博综伎艺，颇得风韵，自然超举。"有画鞍马、鹰鹘传于时，虽阎立德、立本不得以季孟其间。画马尤工，非胸中有千里骎骎欲度骅骝前者，岂能得之心而应之手耶？

北宋《宣和画谱》

归真画虎，毛色明润，其视眈眈，有威加百兽之意。尝作棚于山中大木上，下观猛虎，预见真态。又或自衣虎皮，跳掷于庭，以思仿其势。今观此图，非心通意解，未易得其自然也。

宋·李廌《德隅斋画品》

夫画花竹翎毛者，正当浸润笼养飞放之徒。叫虫，问养叫虫者；斗虫也，问养斗虫者或棚头之人求之。于禽须问养鸷禽者求之，正当各从其类。又解系自有体法，岂可一毫之差也。画牛虎犬马，一切飞走，要皆从类而得之者真矣。不然，则劳而无功，远之又远矣。韩干画马，云廐中万马皆吾师之说明矣。画花竹者须访问于老圃，朝暮观之，然后见其含苞养秀，荣枯凋落之态无阙矣。

南宋·李澄叟《画山水诀》

曾云巢无疑工画草虫，年迈愈精。余尝问其有所传乎？无疑笑曰：是岂有法可传哉？某自少师取草虫笼而观之，穷昼夜不厌。又恐其神之不完也，复就草地之间观之，于是始得其天。方其落笔之际，不知我之为草虫耶？草虫之为我耶？此与造化生物之机缄，盖无以异，岂有可传之法哉？

南宋·罗大经《鹤林玉露》

刘胤祖：蝉雀特尽微妙，笔迹超越，爽俊不凡。丁光。；虽擅名蝉雀，而笔迹轻羸。非不精谨，乏于生气。

南齐·谢赫《古画品录》

且今之画花者，往往以色晕淡而成，独熙落墨以写其枝、叶、蕊、萼，然后傅色，故骨气风神，为古今之绝笔。议者或以谓黄筌、赵昌为熙之后先，殆未知熙者。

北宋《宣和画谱》

（程脩己）又尝画竹障于文思殿，文皇有歌云："良工运精思，巧极似有神。临窗时乍睹，繁阴合再明。"

唐·朱景玄《唐朝名画录》

嗣滕王善画峰蝉、燕雀、驴子、水牛，曾见一本，能巧之外，曲尽情理，未敢定其品格。

唐·朱景玄《唐朝名画录》

韩幹画马，笔端有神。骅骝老大，驼骉清新。鱼目瘦脑，龙文长身。雪垂白肉，风蹙兰筋。逸态萧疏，高骧纵恣。四蹄雷霆，一日天地。御者闲敏，云何何难易？愚夫乘骑动必颠踬。瞻彼骏骨，实为龙媒。汉歌燕市，以矣茫哉。但见弩贻，纷然往来。良工惆怅，落笔雄才。

唐·杜甫《画马赞》

眼入毫端写竹真，枝掀叶举是精神。

北宋·黄庭坚《题子瞻》墨竹

作画形易而神难。形者，其形体也；神者，其神采也。凡人之形体，学画者往往皆能，至于神采，自非胸中过人，有不能为者。《东观余论》云：曹将军画马神胜形，韩丞相画马形胜神。又《师友谈纪》云：徐熙画花传花神，赵昌画花形。其别形神如此，物且犹尔，而况于人乎？

南宋·袁文《瓮牖闲评》

昌善画花，设色明润，笔迹柔美，国朝以来有名于蜀。士大夫旧云：徐熙画花传花神，赵昌画花写花形，然比之徐熙则差劣。其后镡宏，王有之辈皆弗逮也。莲与荷生污泥之中，出于水而不着水。昌此花标韵清远，能识此意耳。

宋·李廌《德隅斋画品》

又画有三病，皆系用笔。所谓三者：一曰板，二曰刻，三曰结。板者，腕弱笔痴，全亏取与，物状平褊，不能圆混也。刻者，运笔中疑，心手相戾，勾画之际，妄生圭角也。结者，欲行不行，当散不散，似物凝碍，不能流畅也。未穷三病，徒举一隅，画者鲜克留心，观者当烦拭眦。

北宋·郭若虚《图画见闻志》

教学篇

工笔花鸟创作讲义

工笔花鸟画的立意往往关于人事,它不是为了描花绘鸟而描花绘鸟,不是照抄自然,而是紧紧抓住动植物与人们思想情感、生活遭际的某种联系而给以强化的表现。它既重视真实,要求花鸟画具有"识夫鸟兽草木之名"的认识作用,又非常注意美与善的观念的表达,强调其"夺造化而移精神遐想"的怡情作用,主张通过花鸟画的创作与欣赏,影响人们的志趣、情操与精神生活,表达作者的内在思想与追求。在造型上,传统工笔花鸟画重视形似而不拘泥于形似,甚至追求"不似之似"与"似与不似之间",借以实现对对象的神彩的扑捉与作者情意的表达。

山水花卉　恽寿平

玉堂桂石　　陈洪绶

在构图上，工笔花鸟画突出主体，善于剪裁，时画折枝（折枝：花卉画的一种，只画从树干上折来的部分花枝），讲求布局中的虚实对比与顾盼呼应，而且尤善于把传达画意的诗歌题句，用与画风相协调的书法在适当的位置书写出来，辅以印章，形成诗、书、画、印为一体的综合艺术形式。

在画法上，工笔花鸟画因对象较山水画具体而微，又比人物画丰富，所以工笔设色更具写实色彩或带有一定的装饰意味，而写意花鸟画则笔墨更加简练，更具有程序性与不可更易性。

一、工笔花鸟画传统造型方式

1. 白描写生

用线描绘对象，或以线为主的造型方法是我国的绘画传统。明代的邹德中将线描方法归纳为十八种，确立了十八描。在工笔花鸟画的表现手法中，白描和没骨是运用最多的技法，白描主要依靠线条来表现对象，事实上，在传统中国画笔法中，有90%是"线法"，用线表现各种不同的客观对象。在花鸟画方面，工笔花鸟的"勾勒"和白描用线相通，其造型手法有两类：一类是纯用线条，不加任何渲染；另一类是在勾线造型的基础上再加水墨晕染，这样可以加强空间效果，并使物象的形质更加丰满、立体，所以也称为白描墨染。

因为点线是绘画的主要表现手段，因此在线条是否浑厚、苍老、挺拔及是否有力度等方面，书画有许多相通之处，绘画可以向书法借鉴。正因为这样，中国画的笔墨基础（再具体一点说是线条基础）是书法（但不包括造型）。学国画的人如果学习书法，可以增强勾画点线面（具体一点说，包括手指的敏感，腕力的锻炼，提按的控制，以至气势、风格、韵律）的功力，取得事半功倍的效果。

古代工笔花鸟的写生方式多以白描为主，"写生"一词古今涵义不同，宋代沈括在《梦溪笔谈》中"论徐黄二体"中记载："诸黄画花，妙在赋色，用笔极新细，殆不见墨迹，但以轻色染成谓之写生。"古代画家在写生时注重观察对象，目识心记。苏轼《东坡书戴嵩画牛》中记载牧童笑画中牛："此画斗牛也，牛斗力在角，尾搐入两股间，今乃掉尾而斗，谬矣。"古语有云：耕当问奴，织当问婢，不可改也。《东坡书黄筌画雀》中记载黄筌画飞鸟，颈足皆展，或曰：飞鸟缩颈则展足，缩足则展颈，无两展者，验之信然，乃知观物不审者，虽画师且不能，况其大者乎？君子是也务学而好问也。《鹤林玉露论画马画草虫》中记载唐韩幹画马以万匹为师，李伯时画马，必终日纵观，至不瑕与客语，大概画马者，必先有全马在胸中，若能积精储神，赏其神骏，后信意落笔，自然超妙，故用意不分乃凝于神者也，另有画家无疑画草虫，年迈愈精，问其有法可传乎？其曰："某自少时取草虫，笼而观之，穷昼夜不厌，又恐其神之不完也，復就草地这间观之，於是始得其天，方其落笔之迹，不知我之为草虫耶？草虫之为我耶？此与造化生物之机缄，盖无以异。"

具体来说白描写生重点是用线，用线时有几点要求：

（1）圆（立体）：线条能圆，主要是中锋用笔，只有中锋用笔，线条才象圆柱的中轴中间饱满、浓重，在阳光下看似是一个圆柱体，线条极富有立体感，这也是中锋用墨特有的效果，古人称为"绵里针"，又称篆书笔法。线条的圆转与使用毛笔时的藏锋有关，在藏锋方面注意几点：

起笔实入：实入者回锋。

 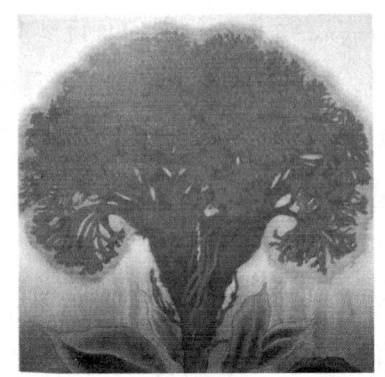

江宏伟作品　　　　　　　蒋采萍作品

起笔虚入：虚入者裹锋。

收笔实收：纸上回锋。

收笔虚收：空中回锋。（防止轻挑，笔要送到）。

行笔：时快时慢，有抑扬顿挫，另需不断"整锋"。

（2）力（劲健）：我们常听说"笔轻须力能扛鼎"，"毫柔可力透纸背"，这些都是对线条力度感的概括，中国画中用一些比喻来说明这一点：

屋漏痕：雨水从土墙上漏下来，由于土墙的吸水性大，水流缓慢，给人一种似淌非淌的感觉，这种水痕流淌的凝重、缓慢，造成一种蕴含之力，也称作"车行泥中"。

锥画沙：锥子在沙上画线条，其线自然而然，不见起止的痕迹，这种线条既不光滑也非毛涩，仍表现线条的内敛之力。

折钗骨：妇女头上的钗骨，都是有韧性的金银饰物，可以自由弯曲，但不会断裂，这种力度比喻线条柔中带钢，又如一些细线如绷紧的琴弦，似铮铮有声，也称"铁划银钩"。

另有如"万里阵云"、"千年枯藤"、"惊蛇入草"、"飞鸟还林"、"春蚕吐丝"、"高山坠石"、"怒海腾波"等。

（3）重（厚重）：在线条有了体积、力度之后，还未必有份量，所以要在重量上显示线条的厚重，这需要线条圆中带方，且"宁方勿圆"起收

 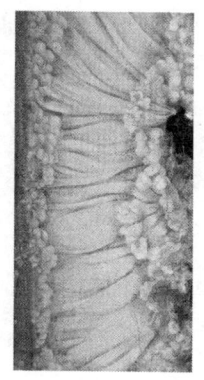

雷苗作品　　　　　马嫒嫒作品

处圆中带方,行笔圆中带方,线与线之间方圆结合。

（4）活（灵活）：要求线条有韵律感、节奏感、生命感,即所谓一波三折。另外,线与线之间要有变化,当线条排列在一起时,不是简单地朝一个方向或呆板的组织,而是有长有短,有头有尾。

（5）纯（纯净）：在工笔画勾线时,其线光滑圆润,无毛涩、肮脏之感。

书法与绘画在艺术上还有内在的联系,书法本身的点划结构,能唤起我们对现实生活中各种美的事物的静态和动态的联想。孙过庭在《书谱》中说,经过书法家苦心经营的点划形体,能激起人们的类似联想和情绪记忆,使人们联想到自然和生活中无限美好的事物。诸如：悬针和垂露、奔雷和坠石、鸿飞和兽骇、鸾舞和蛇惊、初出的明月和灿烂的群星等等。在线条的节奏及布局的安排上,书法同绘画的线条息息相关,也正因为这个理由才要求自己的画要自己题,以使笔墨的风格取得一致,比如拿花鸟来说,宋赵佶的工丽、清代恽寿平的秀媚、金农的古拙、郑板桥的奇特、赵之谦的纵逸、吴昌硕的豪放,风格不同,而他们各自的画同书法都是协调统一的。同时,书体和画体要相称,笔法的刚柔、曲直、顿挫、轻重要一致,笔法的节奏同画面的节奏相配合。

2. 没骨

（1）"没骨"是工笔花鸟画中常用的另一种画法,是直接用颜色或墨

莫晓松作品

出水芙蓉图　佚名

色描绘物象，不用"墨笔为骨"，即不用墨线勾勒轮廓，在花鸟画中，这种技法为五代时期的徐熙所创，到了北宋，经过徐熙之子徐崇嗣等人的继承和发展，技法更为完善，宋沈括在《梦溪笔谈》中记载了这一段历史，沈括说徐熙的画法："以墨笔画之，殊草草，略施丹粉而已，神气迥出，别有生动之意。"元代夏文彦《图绘宝鉴》也有记载，"今之画花卉者，往往以色晕淡而成，独熙落墨以写其枝叶蕊萼，然后傅色，故骨气风神为古今绝笔"。自徐崇嗣之后，历代均有画家继承，清朝初年的恽寿平将这种技法发展到极致。此后蒋廷锡、邹一桂都延用这种画法，现代张大千、谢稚柳也用此法。纵观明清以后的花鸟画，没骨与用线总是交相辉映，各益其彰。在这里需要指出的是，"没骨画"是不能从字面上来解释的，"没骨"并非无骨，而是笔力不露，神藏于内，始终不失骨法用笔的精神。其次，没骨画要求轮廓清晰，层次明确，用色鲜艳滋润，水分饱满，沉着雅静，以色传神。

没骨技法和其代表人物有：没骨点染法（任伯年）、没骨渲染法（恽寿平）、没骨渍水法（陈之佛）。

（2）个案分析：恽派没骨花的特点——工整妍丽、求逸求真

恽南田的没骨花是在没骨花鸟画源流基础上的创造，不用纯墨，全用色彩加入水分和脂粉调合后直接用笔挥写，来描绘所要表现的花卉，

使之既真实又生动,达到形似与神似紧密结合的理想境界和效果。他"工整妍丽、求逸求真",在特点上表现为注重师造化、注重笔墨技法、讲求设色等方面。

①师造化

"重视师法造化,以写生为本"是恽寿平绘画艺术出古人新的重要途径,也是他艺术思想的一个重点。

他对自己所表现的题材都作过极认真的观察和仔细的分析研究。他十分注意各种花卉的颜色、光泽、神态、韵味,使所画花卉"极生动之致,向背、敧正、烘日、迎风、挹露,各尽其态","因风拂舞,乍低乍昂,若语若笑"。

②重技法

恽寿平重视笔墨、设色等技巧的锻炼和运用。他曾言:"书无点,不可以言书,画无笔墨、不可以言画。"又云:"有笔有墨谓之画,有韵有趣谓之笔墨,潇洒风流谓之韵,尽变穷奇谓之趣。"

其技法特点是长于用水、用色,极少勾勒,一变过去以线条勾勒来塑造形象的手法,以水和色交融挥洒为造型技巧,笔触轻快,设色明丽,该浓则浓,该淡则淡,而且浓淡有序,富于变化。形成出一种"点花粉笔带脂,点后复以染笔足之"的特点。他对那含苞待放的蓓蕾用浓色,盛开的花朵用淡色;新叶鲜嫩,老叶枯残,且有虫咬斑孔,以显示花卉的前后、远近层次和老嫩、已开、未开的程度,使花卉的天生丽质显露毫端,充满着立体感,真实感和勃勃生机,形成了独特的技法。

③设色

恽寿平在设色方面的论述也颇为精当,他写道:"俗人论画皆以设色为易,岂知渲染极难,画至着色,如入炉重加锻炼,火候稍差,前功尽弃,三折肱知为良医,画道亦如是矣"。至于如何用色,他说:"前人用色有沉厚者,有淡逸者,其创制损益,出奇无方,不执定法,大抵浓丽过之,

苏百钧作品

则风神不爽气韵索然，惟能淡逸而不入于轻浮，沉厚而不流为郁滞，傅染愈新，光晕愈古，乃为极致。"这些都是他的经验之谈。特别是以他为代表所创立的，全以色彩的调和巧变为主要手段的没骨法，更是异乎寻常地把握住色彩的合理运用。"一变浓丽时习"而宗尚"淡雅"的基调，还各种花卉的"本色"。确实，他许多设色山水画或花卉画作品在用色方面，无不千锤百炼而达到炉火纯青，表现了淡逸而不轻浮、浅薄，沉厚而不郁结、凝滞，光彩夺目而又潇洒出尘的艺术效果。

二、工笔花鸟画的设色技法：

1. 颜料：在中国画历史上，人们制造出丰富的颜料使用方法，常见的颜料有朱砂、朱、朱墨、银朱、土红、胭脂、西洋红、雄黄、雌黄、石黄、土黄、藤黄、铅粉、蛤粉、石青、群青、花青、石绿、赭石、墨等。

2. 用色方法：

（1）罩色法：又称笼罩，它不仅可以通过罩色改变色调，使色彩产生微妙变化，还能使画面色彩丰富、优美、色调统一。笼罩的颜色多为轻淡之色，如藤黄、槐黄、胭脂、洋红、花青等植物色，也可以根据作品的需要将两三种颜色调合成半透明的颜色用于笼罩，颜色不能太厚。

（2）渲染法：在工笔花鸟中，花卉、翎毛、草虫、走兽、鱼虾等的结构、明暗关系均需借助渲染的方法加以表现。渲染在工笔重彩绘画中一是指墨的渲染，二是指颜色的渲染。渲染非常讲究用笔，方法是一只手拿两支笔，一支笔为色笔，一支笔为水笔，两者轮换使用，将颜色染开。

工笔花鸟画的主要着色方式是渲染，渲染是指用水调墨或色彩为画面上色的方式。它要达到两个目的：一是表现物象的光感、质感、空间感，体现物象的形质及其存在空间的状况；二是再现审美对象的本来色彩，表达作者对它的感受。前者用

赵之谦作品

水墨或颜色都可以达到目的，后者则只能依靠色彩来完成。就渲染的手法而言，方法甚多，历代以来各地各人都有所不同。归纳起来，大致有套染（罩染）、水晕、对接、注入（撞水、撞粉）等四种。

（3）烘染法：烘染即烘托。就是用较深的颜色从四周或旁边进行渲染，以托出较浅的颜色，也可以用较浅的颜色对较深的颜色加以衬托。

（4）渴染法：渴染和烘染的方法略同，但颜色以干淡极浅为好，色、墨在碟中调匀，染时笔笔相接，不留笔痕，而色润为好。

（5）点染法点苔法：点染，就是一笔能出现较为丰富的色彩或墨色的变化效果。

（6）斡染法：用笔上颜色而旋转用笔的染法，这种染法多用于细部。

三、工笔花鸟画赏析及创作

欣赏工笔花鸟画，从传统的角度，可以从绘画技法和意境表达两方面来欣赏。

技法方面，看其线条的美感、用笔的力度、质感等；色彩的雅致、精细或华丽高贵；构图的独特等。意境上，集中地体现了中国人与自然生物的审美关系，借此抒发自己的情感，间接地反映社会生活，体现一定的时代精神。但是从历史渊源、工具、手法、艺术实践证明，用白描和

没骨等传统的绘画方式不能全面地满足现当代工笔花鸟画表现的需要，如白描、勾、皴、擦、画、点、擢、簇、捽、揉、拖等，不是唯一的方法，如屋漏痕、折钗股、锥画沙等均属点线范畴，但对绘画来说，除毛笔之外，还可以使用其他工具，增加韵味和肌理美，所以当代工笔花鸟画艺术在艺术风格上更加多元化，对中国工笔花鸟画的创造起到积极的推介作用，以工笔画为主的当代花鸟画艺术作品具体脉络和代表人物可以分为：

1. 以继承传统工笔画为主的传承派（水墨工笔、重彩工笔）花鸟画：

从南唐徐熙→宋代花鸟册页→清代恽寿平、任伯年等→近现代的俞致贞、喻继高等→当代江宏伟、雷苗、贾广健、莫晓松、顾震岩、喻慧、郑力、张铨等。

2. 现代工笔重彩花鸟画（在继承传统工笔花鸟画的基础上吸收其它艺术元素）：从南唐徐熙→宋代花鸟册页→清代恽寿平、任伯年等→近现代的俞致贞等→当代蒋采萍、姚舜熙、莫晓松、裘缉木、陈运权、苏百钧、林若曦、周彦生、姚思敏、刘明孝等。

此之外，如果想更深入地学习工笔花鸟画，除了对传统工笔花鸟画技法的欣赏学习外，还要从各种文化知识中补充养料：多读书，了解以文史哲为中心的中国本土传统文化，包括一些相关的艺术门类，如绘画、音乐、建筑、舞蹈等；还要学习和借鉴外国优秀文化成果，"他山之石，可以攻玉"也是治学的名言，如油画、水彩、漆画等等。

通过本课程教学，使学生掌握工笔花鸟画的基本原理和表现技法的同时，培养学生能够运用各种技法、表现语言进行工笔花鸟画创作的能力，具备画大画和赏析工笔花鸟画的能力。

1. 在工笔花鸟画的创作中可以尝试多种表现方式，但是不可脱离工笔花鸟画的基本要求和规律教学中提倡带有强烈个性色彩、个性语言的创作。打破传统程式化的工笔花鸟画表现技法，大胆地在其作品中运用新的笔墨元素，为重新组构出具有传统精神的工笔花鸟画。

2. 提倡在传统绘画技巧的基础上有所拓展，在创作题材上鼓励学生发挥个人的想象力，不可局限在传统工笔花鸟画题材的范畴，多方面挖掘现代人的审美需求，创作出有这个时代特色的工笔花鸟画作品。可以从自然花卉禽鸟写生中寻找独特的审美视角和造型语言，鼓励学生走出程式化的传统工笔花鸟画模式。

关于中国画教学中的色彩基础

中西方绘画是两种色彩观。西方绘画中除基督教神学的色彩象征外，主要是科学色彩观，根源于西方哲学主客二分即亚里士多德以来的形式逻辑和科学文化；中国画则是哲学色彩观，根源于阴阳五行以及儒道玄禅之哲学思想。中国画里基本没有西洋画的固有色和条件色风貌，在概括色和抽象色风貌上中西方绘画却有着同为色彩的可比性。对中西绘画的色彩走向和抽象性意义作一参照性对比是饶有兴致的话题。中国水墨山水画给世界贡献了极富家园意识的美学生态活力；文人画的消极性，使我们在西方绘画的色彩观里看到了一些合理的因子。在文明的冲突中，我们应坚持东西方的良性互动性。通过色彩基础教学，使学生了解"色彩学"的基本理论，掌握绘画色彩的基本规律；了解美术史的一些重要时期对色彩的不同认识，了解东西方对色彩认识的差异。运用色彩理论知识，通过色彩训练，为中国画专业课学习打下一定的色彩基础。

第一，首先得认识色彩的基本概念和知识（从西方的科学色彩观念谈起）。

一、色彩，可分为无彩色和有彩色两大类。前者如黑、白。灰，后者如红、黄、蓝、绿、青、紫、赤等七彩。有彩色就是具备光谱上的某种或某些色相，统称为彩调。与此相反，无彩色就没有彩调。无彩色有明有暗，表现为白、黑，也称色调。有彩色表现很复杂，但可以用三组特征值来确定。其一是彩调，也就是色相；其二是明暗，也就是明度；其三是色强，也就是纯度、彩度。明度、彩度确定色彩的状态。彩调、明暗色强称为色彩的三属性。明度和色相合并为二线的色状态，称为色调。有些人把明度理解为色调，这是不全面的。

毕加索作品

1. 明度。谈到明度，宜从无彩色入手，因为无彩色只有一维，好辨得多。（图）最亮是白，最暗是黑，以及黑白之间不同程度的灰，都具有明暗强度的表现。若按一定的间隔划分，就构成明暗尺度。有彩色即靠自身所具有的明度值，也靠加减灰、白调来调节明暗。有彩色的明暗，其纯度的明度，以无彩色灰调的相应明度来表示其相应的明度值。明度一般采用上下垂直来标示。最上方的是白，最下方是黑，然后按感觉的发调差级，排入灰调。这表明，明暗的垂直轴，称无彩色轴，是色立体的中轴。

2. 色相。有彩色就是包含了彩调，即红、黄、蓝等几个色族，这些色族便叫色相。最初的基本色相为红、橙、黄、绿、蓝、紫。在各色中间加插一两个中间色，其头尾色相，按光谱顺序为红、橙红、黄橙、黄、黄绿、绿、绿蓝、蓝绿、蓝、蓝紫、紫、红紫。红和紫中再加个中间色，可制出十二基本色相。这十二色相的彩调变化，在光谱色感上是均匀的。如果进一步再找出其中间色，便可以得到二十四个色相。如果再把光谱的红、橙黄、绿、蓝、紫诸色带圈起来，在红和紫之间插入半幅，构

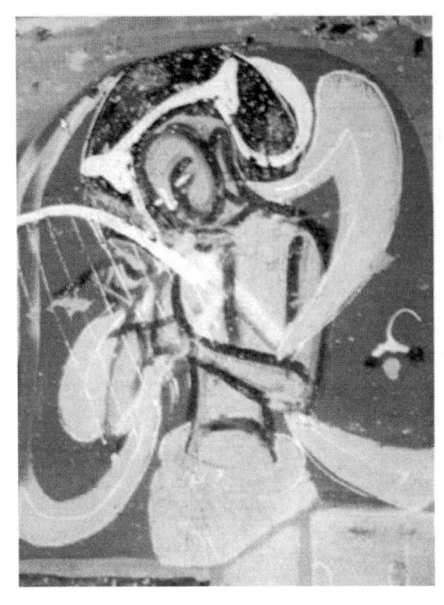

敦煌壁画

成环形的色相关系，便称为色相环。基本色相间取中间色，即得十二色相环。再进一步便是二十四色相环。在色相环的圆圈里，各彩调按不同角度排列，则十二色相环每一色相间距为30度。二十四色相环每一色相间距为15度。

一种色相彩调，也有强弱之分。拿正红来说，有鲜艳无杂质的纯红，有涩而像干残的"凋玫瑰"，也有较淡薄的粉红。它们的色相都相同，但强弱不一，一般称为色品。彩度常用高低来指述，彩度越高，色越纯，越艳；彩度越低，色越涩，越浊。纯色是彩度最高的一级。

3. 立体色标。我们把以上在白光下混合所得的明度、色相和彩色组织起来，选由下而上，在每一横断面上的色标都相同，上横断面上的色标较下横断面上色标的明度高。再由黑、白、灰作为中心轴，中心而外，使同一圆柱上，色标的纯度都相同，外圆柱上的比内圆柱上的纯度高。再队中心轴向外，每一纵断面上色标的色相都相同，使不同纵断面的色相不同的红、橙、黄、绿、青、蓝、紫等色相自环中心轴依时针顺序而列，这样就把数以千计的色标严整地组织起来，成为立体色标。目前影响较大的立体色标是奥斯特华色标和门塞尔色标。

二、色彩调和的概念

"调"是"调整、调理、调停、调配、安顿、安排、搭配、组合"的意思。"和"可做"和一、和顺、和谐、和平、融洽、相安、适宜、有秩序、

敦煌壁画

有规矩、有条理、恰当,没有尖锐的冲突,相反相成,相互依存,相得益彰"等解释。我们知道,和谐来自对比,和谐就是美。没有对比,就没有刺激神经兴奋的因素,但只有兴奋而没有舒适的休息会造成过分的疲劳,会造成精神的紧张,这样调和也就成了一句空话。如此看来,既要有对比来产生和谐的刺激——美的享受,又要有适当的调和来抑制过分的对比——刺激,从而产生一种恰到好处的对比——和谐——美的享受。概括说来,色彩的对比是绝对的,调和是相对的,对比是目的,调和是手段。

对比是一种刺激,这种在视觉上的对比如同在触觉上的刺激相类似。触觉的痒痛,是由于外界的刺激而使得细胞破裂,破裂得少,产生痒的感觉,破裂得多则产生痛的感觉。而痛感与快感实际上也是刺激细胞破裂的多寡所致。我们所寻求这种美的手段,恰恰就是寻求这种如同触觉中的快感——恰到好处的刺激——痛快。

"调和"一词有两种含义:一种指对有差别的,有对比的,甚至相反的事物,为了使之成为和谐的整体而进行调整、搭配和组合的过程;另一种指不同的事物合在一起之后所呈现的和一、和谐、有秩序、有条理、

梵高作品

有组织、有效率和多样统一的状态（或称多样统一）。"色彩调和"这个概念和一般事物的调和概念一样，也有两种解释：一种指有差别的，对比着的色彩，为了构成和谐而统一的整体所进行的调整与组合的过程；另一种是指有明显差别的色彩，或不同的对比色组合在一起能给人以不带尖锐刺激的和谐与美感的色彩关系，这个关系就是色彩的色相、明度、纯度之间的组合的"节律"关系。调和是对比的反面，与对比相反相成；调和就是近似；调和就是秩序；调和感觉是视觉生理最能适应的感觉，是视觉生理的平衡；调和是形象感受的需要，是色彩关系与形象的统一；调和是色彩布局的完美；调和是色彩与作品内容的统一；调和是色彩与设计功能的统一；调和是色彩与审美需求的统一；调和与对比都是构成色彩美感的要素，调和是抑制过分对比的手段。

调和的方法：

（1）孟塞尔色彩调和论：在孟塞尔色立体中，确立一个色或一组色后，也同时能从色立体中求出相应的调和色，其方法是从几何学秩序方向中去选择的。

（2）伊登的色彩调和理论：a. 二色调和：凡是通过色立体中心的两个相对的颜色（互补色）都是可以组成调和的色组。b. 三色调和：凡是在色相环中构成等边三角形或等腰三角形的三个色是调和的色相。也可将这些等边或等腰三角形或任意不等边三角形使其三点在图中自由转动，可找到无限个调和色组。c.四色调和：凡是在色相环中构成正方形或长方形的四个色是调和的色组，如果采用梯形或不规则四边形，也可获得无数个调和色组。d.五色以上的调和：凡在色相环中构成五角形、六角形、八角形等的五、六、八个色是调和色组。伊登认为，"理想的色彩和谐就是要用选择正确的对偶的方法来显示其最强效果"。

（3）色彩调和中的主要手段之一。a.无彩色系最易调和，但明度在11级明度色阶中的间隔中看，近看不需过于对

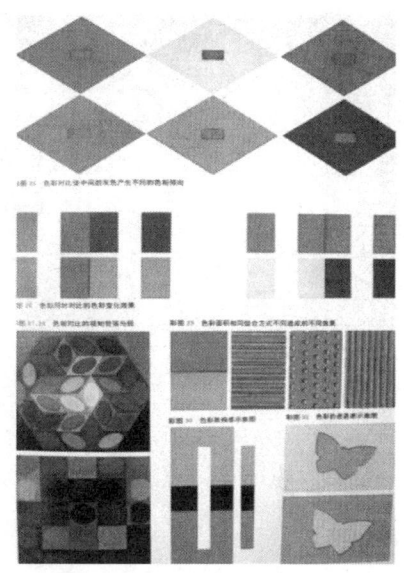

科学的色彩原理图

比，可采用小间隔，即弱对比。b.无彩色系与有彩色系调和最易，不需考虑色相，因为任何有彩色与无彩色都调和，但必须考虑色阶明度对比要大些，不要过于微妙，一般要在5度以外 c.同色相调和也很容易，但也要考虑色阶明度的对比和纯度对比，间隔不需过大，可用小间隔法1、3、5、7、9或1、4、7、10等，远看需大间隔。d.邻接色调和一般变化也十分微妙，需要有主次关系，又要变化纯度。明度上也要用小间隔以外的办法，即弱对比和中对比。远看需要长对比。e.类似色调和，因为它们本身在色相上就有一定的弱对比关系，也就是说具有一定的调和因素，也是比较容易处理的，只要稍注意纯度，多注意明度即可。明度处理同前。f.中差色在色相中是属中等对比关系。在色相处理上如果需再柔和些，可在二者之间加一过渡色，如果不需再柔和，只在明度上用短对比和中对比，如果再需强烈些，可用长对比。g.对比色的调和是因为它们在色相上属强对比。调和的方法有：①利用面积调和法，即大面积冷对小面积暖。②用聚散调和法，即冷聚热散。③利用中性色作间隔法，

克里姆特作品

如黑、白、灰。④利用间色序列推移法。⑤降低双方或一方纯度。⑥提高一方明度。此为对比色调和之六法。

（4）色彩与形象的统一。约翰·伊顿教授指出，红暗示正方形，黄暗示三角形，青暗示正圆形，橙是红与黄的折衷，暗示梯形，绿是黄与青的折衷，暗示圆弧三角形，紫是红与青的折衷，暗示圆弧方形。色彩学家碧莲与伊顿教授稍有不同，他认为橙暗示长方形，绿暗示正六边形，紫暗示椭圆形。他们进一步解释说：正方形的内角都是直角，四边相等，显出稳定感、重量感和确定感，垂直线与水平线相交又有显著的紧张感，而红色性质紧张、充实、有重量、确定，二者吻合。正三角形的三条边加三个60°角有着尖锐的、激烈的、醒目的效果。黄色的性质也是明亮、锐利、活跃、缺少重量感，二者相吻合。正圆形是不可分离的象征，它轻快、柔和、有浮动性，使人感到充满流动感。而青色也容易使人联想到天空、空气、水，它透明而轻快，有浮动感，与圆形气质相似。橙、绿、紫属三间色，分别与相应的折衷吻合。当上述色与相应的形相吻合时，最能发挥色彩明显的特征。

（5）色彩与内容的统一色彩的调子中按色相可分为红调子、绿调子、蓝调子、黄调子……就色相的倾向性而言，将一幅画通过旋转盘旋转，它的空间混合倾向于什么色就是什么调子；在冷暖上分，可谓冷调子、热调子、暖调子、中性调子等，这与色相也有关，属哪个区，即哪个区的

梅忠智作品

调子；若在明度上分，可谓亮调子（其中包括高短调、高中调、高长调）、暗调子（包括低中调、低长调、低短调）和中间调子（中中调、中高短调、中短调、中低短调、中长调）；若在内容上分，可谓欢乐调子、悲哀调子、恐怖调子、庄严调子和富丽堂皇调子等。这些调子都是为了表现画面内容的，如表现恐怖感，在色相上用蓝、紫调子，在明度上可用低长调，在冷暖上可用冷调子。

三、色彩构图

色彩构图，狭义上讲就是色彩布局。各种色彩在空间位置上的相互关系必须是有机的组合。它们必须按照一定的比例，有秩序、有节律地彼此相互联结、相互依存、相互呼应，从而构成和谐的色彩整体，色彩的对比与调和是色彩构图的必然法则，表现色彩的多样变化主要靠色彩的对比，使变化和多样的色彩达到统一，要靠色彩的调和。色彩对比与调和前面已讲了，现将构图的一般法则分析如下：

1. 色彩的均衡。我们在观察一幅完整的图案时，各种色块的分量将

农民画

会在人们视觉中的垂直轴线两边起作用。如同一色彩以中轴线为准线，左右两侧的色量不能取得平衡时，那么，在人的视觉中将感到不安定。色彩的平衡，其原理与力学上的杠杆原理颇相似。在色彩构图时，各种色块的布局应该以画面中心为基准向左右、上下或对角线作力量相当的配置。如从整个画面来看，大块较暗较重的色块偏于中心一方而显得发闷，而在较轻较亮的色块偏于另一方显得空虚时，那么较重较暗的色彩应用较轻较亮的色彩来调剂，而较轻较亮的色彩应用较重较暗的色彩来调剂，从而达到一定的平衡的关系。一幅黑白二色配合的图案，可以用黑白交替、白中有黑、黑中有白的方法来取得平衡。但色彩构图的平衡，并不是各种色彩占据均等的量。还包括面积、明度、纯度、强弱配置的平均的布局（对称纹样除外），并且依据图案的特点，取得色彩总体感觉上的均衡。但这里面的均衡关系是很复杂的，比如前面讲到的重量。那是在浅底色上而言，如果在深底色上，亮色就构成了重量。在灰底色上，艳色就成了重量。在冷底色上，暖色又是重量。比如说，在一片灰绿底色上——一件灰绿色衬布，右面是一个深绿色大西瓜，左面有一小牙切

莫兰迪作品

开的红瓤瓜瓣，这么看来，右面深绿色西瓜虽大虽重，但它与背景是调和的，即对视神经刺激不强烈，而左面的一小牙西瓜虽小，虽亮，但它在灰绿色的画面中十分跳跃，醒目，这时它就成了重量。

2.色彩的呼应。任何色彩在布局时都不应孤立出现，它需要同种或同类色块在上下、前后、左右诸方面彼此相呼应。色彩的呼应方法有以下两种：

（1）局部呼应。如在一黑底上，点上一个红色点，这个挣扎着的红色点被大片黑色包围，似乎有被吞噬的危险。虽然它仍顽强地存在着，但却在整个画面中给人以窒息的感觉。这时就需要再增加几个红点与它相伴，这种局面就被打破了，这也就是同种色块在空间距离上的呼应关系。但这些点的分布需考虑疏密关系，不能平均距离，也就是要考虑到疏密关系。一个点落入画面，就是一个音响，许多点的落入就会产生许多音响，而这些音响有疏密、快慢和休止之分，自然散撒的那种节奏关系在画面中构成一种美的节奏，这是人为的排列所达不到的自然节奏。新疆地毯很注意内外色彩的呼应，即大地的颜色必须用来做最外层边色，

色环

图案在整个色底上布局，这就是内外呼应关系。

（2）全面呼应。色彩的全面呼应方法是使各种色彩混入同一种色素，从而使各色间产生内在的关系，它是构成色调，也就是色彩倾向性的重要方法（如果用旋转盘作空间混合可以明显看出）。南京云锦的妆花"三晕"，配色法是色彩全面呼应的范例：水红银红配大红（各色中都含红），葵黄广绿配石青（各色中含青），藕荷青莲配紫酱（各色中含青莲），玉白古月配宝蓝（各色中含蓝），密黄秋香配古铜（各色中含黄）。这也是传统的"倾向性"调子。

3. 色彩的主从。各色配合应根据图案内容分出宾主。主色与宾色之间的关系是主从关系，所谓"五彩彰施，必有主色，它色附之"。主色的面积不一定最大，也不一定等于主色调，但它发挥着关键的作用。主色一般多用在重要的主体部分，以增强对观者的吸引力。主色的力量应由宾色烘托而出，俗话说"红花需绿叶扶"，红才能显得更红。大片深色中包围浅色；大片浅色中包围深色；大片调和色中的对比色都能形成主色，宾色服从主色，明暗灰艳的处理也必须根据主色有所节制，否则会喧宾夺主。比如说"万绿丛中一点红"绿色面积虽大，但它用来衬托红色，红

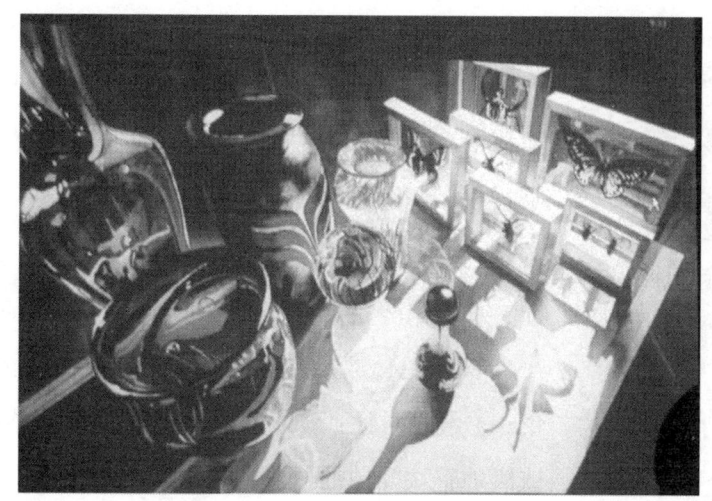

水彩作品

色就要纯正,绿色不妨灰重些,红色即成为主题之色,即主色。

4.色彩层次。色彩的层次与色彩的前进和后退感在前面已做过分析。暖色、纯色、亮色、大面积色一般有前进感;冷色、含灰色、暗色,小面积色一般有后退感。但这并不是绝对的,在暗底上亮色有前进感,在白底上深色有前进感,在红底上黄色有前进感,在黄底上红色又有前进感。这就是构图中色彩的层次,主要与色彩的明度有关,此外又与纯度和冷暖有关,我们已在前面讲过,这里不再重复。

5.点缀色。点缀是面积对比的一种形式,在色彩构图中能起到"画龙点睛"的作用。一片沉闷或平淡的色调中如果点缀少量鲜艳的对比色,尤如以石击水,一潭死水马上就会变得有生气了。"一烛之光,通体皆灵",点缀色的应用能达到"平中求奇"的突破。"点睛"要求点缀色的布局位置要恰当,不点在"睛"上,就成了"添足"。"点睛"还要求在面积上也要恰当,面积过大,统一的色调就会被破坏,面积太小,容易被周围色彩吃掉而起不到应有的作用。点缀色具有醒目、活跃的特点。有经验的配色总是十分慎重、十分珍惜地将最鲜明、最生动的色彩用到关键的地方。点缀色使用规律是:色相对比强;明度对比强,或暗中透亮,或

学生色彩小稿

灰中见鲜；面积大小适宜；位置恰当。

6. 色彩的衬托。衬托有赖于面积对比，没有面积对比就谈不上衬托。衬托的主要形式有：①明暗衬托：大面积的亮色衬托小面积的暗色，大面积的暗色衬托小面积的亮色，使暗中透亮；②冷暖衬托：大面积冷色衬托小面积暖色或大面积暖色衬托小面积冷色；③灰艳衬托：大面积灰色衬托小面积艳色；④繁简对比：满地碎花杂色衬托大块整体色块，或满地整块简单的色彩衬托一簇碎小花朵。

四、对东方的色彩体系的思考

汉代刘熙《释名》曰："画，挂也，以彩色挂物象也。"表明色彩一开始就是构成中国绘画基本的形式语言之一。纵观上千年中国画色彩发展变化的历史，经历了由单纯到绚烂，再由绚烂转入淡雅，到现代色彩又被画家所重视的历史，给我们留下很多难以解开的"结"。南朝谢赫关于"六法"中"随类赋彩"的提出，确立了中国画色彩的理论基础，使我们找到解开中国画色彩发展变化过程中，各种难解之"结"的头绪。清代方薰关于"设色彩悟得活用"的理论，又点出了中国画色彩运用的灵魂所在。"随类赋彩"与"悟得活用"体现了中国画色彩运用理论的实质，是我们认识中国画色彩发展变化原因的基础。

另一角度从来自传统艺术的色彩启示来看，我国的装饰色彩也有着悠久的历史和优秀的传统，从中国绘画到中国工艺美术；从淳朴的民间图案到豪华的皇宫装饰；从古典园林建筑到举世闻名的中国石窟壁画艺术；从石器时代的彩陶文化到现代的景德镇、醴陵、唐山、淄博等瓷器；从漆器装饰到织锦图案；从杨柳青年画到无锡泥人；从少数民族服装到戏剧服装色彩……中华民族的优秀文化遗产中有许多色彩装饰作品是

学生色彩小稿

我们今天学习的最好范本。同样，在我国的绘画艺术和装饰艺术中也有许多值得我们学习和借鉴的东西，从水彩画到油画；从古典派到印象派的色彩；从罗可可艺术到现代派色彩；从蒙德里安的冷抽象到康定斯基的热抽象；从东方艺术到西方艺术……只要我们认真地去研究它们的配色规律，必将丰富我们的配色方法和手段。我们可以模仿传统艺术中色彩气氛和配色效果，也可以有选择地作局部分解、提炼，分析其套色、比例、位置，借鉴其方法进行配色。"绘事后素"的论断，是儒家在解读《诗经·卫风·硕人》语句之特定情境下推演产生的哲学和美学命题，也涉及中国画色彩问题。中国画的色彩观与西方绘画有着明显的差异。中国绘画历经从"随类赋彩"重"固有色"到"墨分五色"的演变。从有色发展到无色，形成了中国画色彩独有的设色面貌和色彩系统。"绘事后素"从三个不同理解的角度去分析中国画色彩观的形成及其演化趋向。通过分析，更好地了解中国画的特点，这对于当代中国画家如何发扬民族艺术的优秀传统，如何使作品具有独特的中国风格和中国气派有着特殊的意义。

正溯本清源，对中国画色彩的美学和文化学探渊就是对中国画特点的再认识：黑白色彩的水墨山水画对东西方的积极意义应为我们所珍视，其负面效应也应为我们所警醒。对青绿山水和民间绘画色彩亦应给予极大关注，更应把经典中国画走向中的色彩缺失问题提到日程，对这个问

学生作品

题的检省不应只视作形式技法的小问题,而是关乎民族心理、生存状态的大问题。全面的色彩审美发现是人性健康时代强盛的表征之一。譬如唐代瑰丽灿烂的山水、人物画卷是那个时代入世阳刚、雄强伟岸的民族心理的体现。而且我们在唐之前就有着错彩镂金之美(即使水墨兴盛时代也没有完全失去),因此斑斓色彩不只是西方人的专利,全面寻求中国画色彩的面貌,做的也许是"拾骨以还父"的。

五、通过自然写生和其它艺术提高对色彩的认识

1. 自然色彩怎样进行分解和提炼呢?第一是用目测方法,先分析出自然景物色彩总的倾向,然后再把它归纳为最主要的几个色,同时测出各个颜色所占据的比例和位置。第二是先借助于摄影技术,把自然景物拍成彩色照片,然后使用透明的细密方格坐标纸蒙在彩色照片上,用目测归纳提炼成几个主要的颜色。进行色彩的训练,产生新的色彩灵感又必将创作出更新更美的作品来。

2. 来自音乐、文学等姊妹艺术的启示音乐与色彩是相通的。人们常常形容优美的音乐具有色彩感,悦目的色彩具有音乐的节律感。历史上有许多色彩学家企图从音乐原理中去探索配色美的规律。音乐的感受何

学生作品

以能转化为配色的启示呢？这应该说是由"通感"至"统觉"的心理活动所引起的。我国《乐记》中有这样的记载："其衷心感者，其声噍以杀；其乐心感者，其声噍以缓；其喜心感者，其色发以散；其怒心感者，其声粗以厉；其敬心感者，其声直以廉；其爱心感者，其声和以柔。"古希腊人还认为七种乐调具有七种情绪的色彩。总之，不同的音调以及不同的乐曲，表现的感情是不同的。由于听觉得来的印象往往可以和视觉得来的印象相通，因此，不同的音乐可以翻译成明亮、暗淡、艳丽等不同的色彩。如柔和优美的抒情曲调可使人联想到某种柔美的中淡色调；节奏轻快的轻音乐可以联想到某种明艳色调。作为色彩的构思训练，可以通过收听不同乐曲，然后用抽象的几何形和色彩表达自己的感受。

3. 来自文学言词启示的构思大都必须通过联想。文学言词本身虽不具备色彩可视形象，然而它能使人们产生联想和想象，唤起色彩的美感。中国诗词中关于色彩的描写十分丰富，如"毕竟西湖六月中，风光不与四时同。接天莲叶无穷碧，映日荷花别样红。""赤橙黄绿青蓝紫，谁持彩练当空舞"，还有"日出江花红似火，春来江水绿如蓝"、"绿杨烟里晓寒轻，红杏枝头春意闹"、"花须柳眼各无赖，紫蝶黄蜂俱有情"、"紫

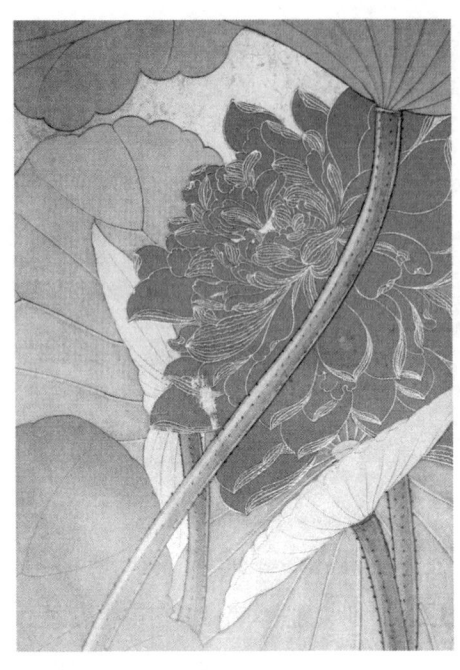

张大千作品

艳半开篱菊静,红衣脱尽渚莲愁"、"轻寒市上山烟碧,日满楼前江雾黄"、"丹霞蔽日,彩虹重天"、"一道残阳铺水中,半江瑟瑟半江红"……此外,还有许多描写色彩情感的词汇,如朴素、艳丽、华丽、沉静、热烈、冷、暖、明快、暧昧等。

第四,色彩的功能(性格)

每种色彩都具有个性——性格,如同人一样。色彩不仅有个性,而且有性别、有味道、有温度、有软硬、有形状、有轻重、有大小、有胖瘦,还有季节、有年龄、职业、地区等象征意义。单色相有,多色相组合也有,这就是色彩的功能。有时单色相的功能易辨,双色相一加,立刻就改变了原来的功能。如红色味甜,绿色新鲜,红加绿即有辣味,红绿各少加白再加黄又有儿童感,再加白就有女性感;又如赭色成熟,如加黑即苍老;黄色有甜味,若加绿即变酸;蓝色有青春感,若加黑色即有死亡感;大片黑小片蓝则有恐怖感,再加一点黄又有夜间感。

红色。在可见光谱中红色光波最长,处于可见光谱的极限附近,容易引起注意、兴奋、激动、紧张,但眼睛不适应红光刺激,不善于分辨红光波长的细微变化。同时,红光容易造成视觉疲劳。红色光波最长,穿透力强,穿透空气时折射角度小,在空气中辐射的距离远,在视网膜上成像的位置深,给视觉以迫近感和扩张感,被称为前进色。在自然界中,不少芳香艳丽的鲜花,丰硕甘甜的果实和不少新鲜美味的肉类食品,都呈现红色,因此给人留下了艳丽、芬芳、青春、富有生命力、充实、饱满、鲜甜、甘美、成熟、富有营养之感，能引起食欲。红色英文是 red，另一含意为紧张的、赤热的、流血的、暴力的、火烧的、喜庆的等。红光能导热，给人以温暖，称为暖色。紫红色脸膛有健康、青春感，所以又有男性、主动、刚强、进激、方形和重量感。在社会生活中，因红色对神经有强刺激作用，不少民族把红色作为欢乐、喜庆、胜利的装饰色，习惯用红色作为兴奋与欢乐的象征。由于红色的注目性与喜庆感，使用它在标志、旗帜、宣传等用色中占了首位，成了最有力的宣传色。红色常伴随着火灾、战争、事故、流血、受伤、恐怖和死亡，又有痛苦、愤怒、紧张感。因此红色被看作是危险、灾害、爆炸、愤怒、恐怖的象征。它使人易注目、易警觉，常用于信号色。炉火、钢水、旭日都呈现红色，又常被社会主义国家视为劳动、斗争、前进、理想、革命、朝气蓬勃、欣欣向荣、奋斗、成功、胜利、忠诚、缅怀先烈的象征色。

黄色。在可见光谱中，黄色波长适中，与红色相比，眼睛易接受些。黄色光能照明，早晚的阳光、灯光、火光都趋于黄色。黄色光的明度亮、光感强，有光明、辉煌、灿烂、轻快、柔和、纯净、充满希望的感觉。在自然界的许多花卉中，比如腊梅、迎春、黄玫瑰、黄水仙、黄郁金香、秋菊、黄杜鹃、油菜花、向日葵等都呈现出美丽鲜艳的黄色，所以它也是芳香色。秋收的五谷、水果、点心、香脆食品、蛋糕等都能给人以丰硕、甜酸、甘美、香酥等感觉；未熟透的水果和柠檬呈现黄色，又有酸感，能引起食欲。封建社会，黄色被帝王、宗教所采用，如黄袍、黄金首饰、黄瓦只允许皇帝专用，故又有崇高、高贵、权力、威严、智慧、神秘、华贵、慈善等象征意义。

橙色。在可见光谱中，橙色光波居红、黄之间，色性也在二者之间，既温暖又光明。它的冷暖感属心理色性。火、钢水、岩浆不是红色而是橙色，所以橙色较红色更暖，是色轮中最暖的色。它明亮、华丽、健康、向上、兴奋、温暖、愉快、芳香、辉煌，最易动人。橙色是橙子的色彩，成熟的橘、柑、抽、玉米、金瓜、南瓜、木瓜、菠萝、柿子、杏子等也都是橙色，给人以香甜感，使人感觉充实、成熟、愉快和富有营养，能引起食欲。橙色也曾被帝王和宗教所垄断过，给人以庄严、富丽、华贵、神秘、不可侵犯的感觉。

橙色在空气中的穿透力仅次于红色，因色阶较红色更亮，注目性高于红色，所以也被用为信号色、标志色和宣传色，同样也容易造成视觉疲劳感。以上红、橙、黄三色都是暖色、注目色、芳香色、宣传色，能引起食欲，又是迫近色、扩张色。

绿色。太阳光是地球上最主要的光源，它投射到地球上的光线中绿色光占50%以上。人是适应环境能力最强的动物，人的眼睛最适应绿色光的刺激。绿色光在可见光谱中波长居中，人眼对绿色光波的微差分辨能力最强，对绿色的反映最平静，绿光在各高纯度的色光中，是使眼睛最能得到休息的色光。绿色的生命和其他生命一样具有生命的过程，从诞生、发育、成长、成熟、衰老到死亡，每个阶段都呈现不同的绿色。因此，黄绿、嫩绿、淡绿、草绿等象征着春天、生命、青春、幼稚、成长、活泼、活力，具有旺盛的生命力，是表现活力与希望的色彩。艳绿、盛绿、浓绿象征盛夏、成熟、健康、兴旺、发达、富有生命力。而灰绿、土绿、茶褐色意味着秋季、收获和衰老。

蓝色。在可见光谱中，蓝色的光波短于绿色，比紫略长些。它在穿透空气时形成的折射角度大，辐射的直线距离短。每天早晨与傍晚，太阳光线穿越比中午厚三倍的大气层才能到达地面，其中蓝紫色早已被折射在大气之中，达到地面的大都是红、黄、橙、绿光。所以早晚的太阳我们看上去是橙红色的，高天、远山等则是蓝色的（空气中折射着大量蓝色光）。它在视网膜上成像的位置最浅。红橙色被看作是迫近色，而蓝色则是远逝色。蓝色很容易被人联想到天空、海洋、湖泊、远山、冰雪、严寒，让人感到有崇高、深远、纯净、透明、无边无涯、冷漠、流动、轻快、洁静、缺少生命的感觉。当橙色被视为是心理学暖极色时，天蓝色则是冷极色。蓝色的所在往往是人类所知甚少的地方，如宇宙、深海。古代人认为那是天神和龙宫所在，令人感到神秘莫测。现代人把它看作是科学探索的领域，因此蓝色就成为现代科学的象征色。它容易给人以冷静、沉思、智慧和征服自然的力量。

紫色。在可见光谱中，紫色光的波长最短，波长再短就是看不见的紫外线了。因此，眼睛对紫色光的细微变化分辨力弱，易感到疲劳。紫色光不导热，不照明，眼睛对紫色光的知觉度最低，纯度最高的紫色同时是明度最低的色。无论自然界还是社会生活中，紫色都是较稀少的。在封建社会高官才穿紫袍，贵妇才穿紫服。紫花少，紫果也少，紫花显得特别娇艳。紫色颜料稳定性不高，纯度也低，因此紫色给人以高贵、优越、奢华、幽雅、流动、不安等感觉。又有人把紫色称为寡妇色，其原因是它带有一种怀情不遇和被爱情抛弃的伤感。《论语》中孔子曰："恶紫之夺朱也。"其意有二，一是说紫色要慎用，少用贵而艳丽，多用则庸俗不堪；其二是说红紫为间色，紫红相间就弱化了红色色相对比程度，削弱了红色之感召力。这说明在公元前500多年我国就有了对色彩对比应用的论述。土色。土色是指土红、土黄、土绿、赭石、熟褐、生赭等，是在可见光谱上见不到的复色。它们是土地的色彩，深厚、博大、稳定、沉着、保守、寂寞。它们又是动物皮毛的颜色，厚实、温暖、防寒，也是一种环境的保护色。它们还是劳动者和运动员健康的肤色，不怕烈日苦寒，风吹雨淋，刚劲、健美、朴实、敦厚。它们也是很多植物果实与块茎的色彩，充实、饱满、肥美，给人以朴素、实惠和不哗众取宠之感。它们还是岩石、矿物以及持久性颜料的色，坚实、牢固、持之以恒。

白色。白色是由全部可见光混合而成，称为全色光，是阳光之色，是光明的象征色。白色明亮、干净、卫生、畅快、朴素、雅洁、直率、坦荡、明洁、圣洁、一尘不染。物体之所以呈现白色，因为它的反射率高，又反射全色光。夏天穿的白色衣服可以反光，因而不导热，显得凉快；白色又是冰雪、云彩的颜色，能使人感到寒凉、轻盈、单薄、爽快。糖、盐、白醋都是白色，许多化学药品也都是白色。白色没有味感，但在应用食欲色时仍少不了它，因为它能衬托其他色，使得其他色个性更强。白色洁净，一尘不染，所以又是医疗卫生的象征色。在我国，白色是一切丧事的色，穿白衣、戴白花，缅怀、哀悼亡灵。有时白色能使人联想起痛苦的哀伤，是不祥的象征。在西方，结婚的女礼服是白色的，它象征爱情的纯洁和坚贞。

就色彩的应用而言，白色的性格最为谦逊。它若作衬色可使其他色显得格外纯净、美丽、个性强烈。衬红色，红色显得更鲜艳；衬绿色，绿色显得更可爱；衬灰色，灰色显得更高雅；衬黄色，黄色显得更娇嫩；衬复色，复色显得更成熟，沉着；衬黑色，黑色显得更醒目。白色唯独不显示自己，可谓品格高尚。如果用它来混合其他色彩，可使其提高明度，降低纯度，削弱其对比，增强其调和。比如，一组或几组补色关系的色或对比色放在一起很难相处，十分吵闹，若加入白色混合其中，使它们显得既对比而又调和，也显得明朗、艳丽、洁净、欢快、热烈且舒适。所以，白色是不可丢失的重要色彩。

黑色。从理论上讲，黑色无光，是无光之色。在生活中，只要光照弱或反光弱的物体，都呈现黑色。

无光对人的心理影响有两大类：一是消极，令人想起漆黑的地方、阴森、恐怖、烦恼、忧伤、消极、沉重、悲痛、迷惑、沉闷，甚至死亡。二是积极，黑色使人休息、安静、深思、坚持、准备、考验、严肃、庄重、坚毅。它同时有重量、神秘、庄严、不可征服之感。有些民族，如信仰伊斯兰教的民族尚黑色，这是因为黑色博大、神秘、威严、庄重、稳定、严肃，有不可征服和无坚不摧之感。黑色又有捉摸不定、阴谋、耐脏之感。黑色不能引起食欲。但就黑色本身来讲，作为颜料的使用它也有两个特点：首先，用它去衬亮色，亮色显得更亮；用它去衬暗色，暗色显得更有层次；用它去衬艳色，艳色显得纯度更高；用它去衬复色，复色显得更沉着、成熟。但它自己仍默默无闻。别人只能夸被它所衬的色如何美，从不会提及它有何等妙用。同时，如果单用，即显得大方、高雅。如黑色卧车是同等卧车档次感觉最高的，黑色皮鞋最大方，黑色皮包最雅致等。但在与其他色彩并置使用时且忌太频，要慎重使用，用多了会使很高档的设计显得低劣。其次，如果与其他色混合使用，会使其降低纯度、明度，显得沉着、成熟、稳重，但也要适可而止。

灰色。灰色原意是灰尘之色，从光学上看，它居黑、白之间，属中明度无彩色或低彩色系。从生理上看，它对眼睛刺激适中，既不眩目，也不深沉，属于视觉不易疲劳之色。因此，视觉以及心理对它反映平淡、乏味、休息、抑制、枯燥、单调，没有兴趣，甚至沉闷、寂寞、颓丧。在生活中，灰色与含灰色量大的物体其鲜艳度低，因而最不引人注目。许多美好而鲜艳的色彩蒙上了灰，显得脏、旧、不卫生、衰败、枯萎、不动人，表现出灰色的消极面。所以人们常用灰色比喻丧失斗志、失去进取心、意志不坚、颓废不前。但灰色是最复杂的色、高级毛料、高级汽车、精密仪器都用灰色作单色装饰，所以漂亮的灰色作单色使用是很高雅的，但只有较高文化层次的人才欣赏。因此，灰色有时给人以高雅、精致、含蓄、耐人寻味的印象。

当我们对色彩理论基础知识有了较为详细的认识和学习后，在具体实践教学中充分发挥多媒体的优势进行形象化教学，通过具体的色彩作品赏析，深入浅出地结合讲义，讲授色彩学理论和色彩艺术原理；加之理论讲授与实践辅导相结合，注意因材施教，通过学生对色彩构成训练、静物写生、风景色彩写生的练习，课程结束后能使学生较熟练掌握色彩画的基本技法，在中国画学习中起到一定的帮助作用。

线的艺术

在视觉艺术中，线是艺术家用来传达信息的最常用、最直接和最有力的语汇或工具。所有艺术中的线都具有某种程度上的表现性。线条不同，所体现的情感也不同。直线、曲线、折线是基本线条形式，它们各有一定的美学特征，特别是线条组合中，某种线的美学效果更突出。

从旧石器时代的阿尔塔米拉洞穴壁画到新石器时代的仰韶文化的彩陶，人们都是用线来表现所观察到和感受到的客观物体。就中国艺术而言，自古以来线的演变丰富多样。线条美的渊源，从中国的仰韶文化、马家窑文化时期到战国、秦、汉而至清，线条广泛运用于陶器、青铜器、雕刻、绘画中。线条的运用在原始社会和奴隶社会就已经成熟了。这些有着奇特的律动，呈现生命运动痕迹的线条，对我们今天的艺术学习有着极高的参考价值。由于东西方不同的哲学思维和文化内涵，造成对线条的认识和研究迥然不同。在现代绘画中，应以挖掘传统文化深层的内涵和西方文化精髓优秀的东西，并使之融合，才能创造出具有中国文化底蕴的美的线条。

下面，让我们来了解线在视觉艺术中的各种功用，认识并能感受线的表现性特征和象征意味。

一、线的类型、特质

线是点的移动轨迹，而这个轨迹可分为心理和实际两种。如两点之间存在一直线，此一直线系由于视觉动向的关系，在心理上形成一条直线。如果用笔画出来则线条成为实际的线形，一般使用在艺术作品的线条种类，不外乎垂直线、水平线、对角线、曲线、曲折线等。每一种线条都有它的特性，如"垂直线"是上下笔直移动的线条，艺术家用它来表现尊贵、严肃和有力的；"水平线"是和地平面平行的线条，它可以表现静止，让人感觉宁静、平和、安稳的感觉；"对角线"是一条倾斜的线，艺术家用它来表现显著的动作或不安的紧绷感等；"曲线"是逐渐改变方向的弯曲线条，它可以呈现优美和流动的动态感；"曲折线"是直线折曲而成锐角的线，它有急速改变方向的特性，使人联想到困惑的激动及冲出的力量感。在视觉艺术中，我们可以根据不同的功能将线条具体分为以下几种类型：

白描花鸟写生

1. 作为描绘客观对象的形状的线条，一般我们称之为轮廓线；

2. 作为强调艺术家对事物形态的主观感受的线条，我们称之为表现性的线条；

3. 抽象的线条，它不表现生活中具体的事物，却能表现生活中事物的某种状态，多见于抽象主义艺术；

4. 具有构图功能的线条，我们称之为结构线。

通常情况下（在写实类作品中）不管艺术家是不是有意识的运用，艺术中的线条在同时发挥几种功能，因为，即使是描绘事物的形状的线条一旦被艺术家创造出来，也同样成为一种具有表现性特征的自在之物，

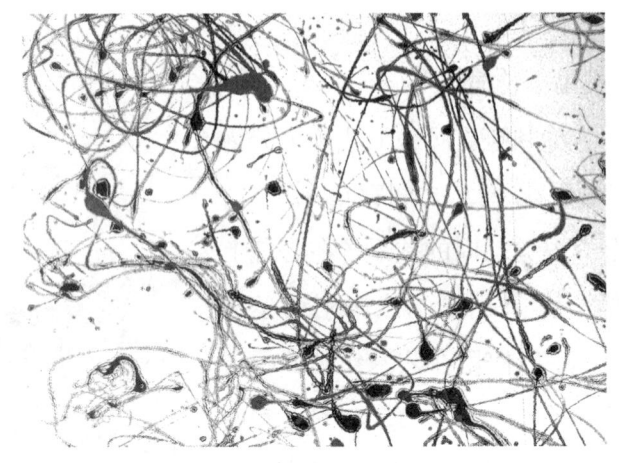

波洛克作品

这也许是艺术家创作时的心态及其个性的无意识的流露，这种情况有些像我们平常书写的笔迹能人们看出这个人的心态和个性一样。所以从某种意义上讲，所有艺术中的线条都具有某种程度上的表现性。正是这些视觉形象的表现性特征使得艺术作品具有令人神往的"意味"。所以在我们艺术欣赏的过程中，从抽象的角度来识别和欣赏作品具有头等的重要性。对题材意义的过于关注将削弱对作品真正有表现力的艺术性质的欣赏。特别是对于那些非叙述性作品的欣赏更是如此。接下来，我们将具体考察不同形态的线条的表现性特征。

二、线的表现性特征

在视觉艺术中，线条的表现性特征是通过其物理特性（长短、曲直、方向、速度、浓淡、质地、位置等）显现出来的，由于线条的粗细、长短及形状的不同，线的表现性格也不同，因此线条的特质会随着艺术家使用的工具、媒介或手的轻重、快慢等影响。经由艺术家在作品中的表现，它可以表现平

丢勒素描中的线

菲钦素描

顺或是崎岖的、连续或破碎的、概略或细腻的。这些多样、多变的线条，正是艺术家发挥创意重要的表现利器。例如：一根长的线具有某连贯性和一致性，包含着某种继续发展的趋势；一根短线却给人迟钝或犹豫不决的感觉，不像一个点是很干脆的打住；而一根由许多短线组成的长线又是另外一种感觉：它显示出一种慢速的联贯，有点像散步的状态。又如：一根颜色浓重的线具有一种力量感、实在感，也可能具有某种沉重感，好像就在我们眼前一样；而一根淡线条却具有某种轻松状态，带有虚幻感、远距离感；如果一根由浓向淡发展或是由淡向浓发展，又会给人完全不同的感觉。

何家英工笔人物
白描稿中的线

荷尔贝因素描中的线

 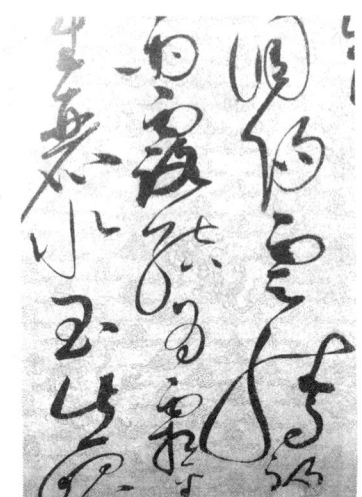

石鼓文　　　　　　　　　　　宋徽宗草书作品

以上仅是两个简单的例子，如果加上质地、方向、速度、曲直等因素，线条的形态将更为多样，其表现的意味也将更为丰富。这种多样而丰富的意味是我们无法用语言来叙述的。但是我们可以借用语言中描述一般感情状态的词来大体上区分这些不同形态线条的表现性特征，如：一根线可以是忧郁的，也可以是疲软的、强劲的、脆弱的、生动的、轻松的、沉重的，还可以是狂乱的，等等。

三、线在艺术中的象征性运用

视觉艺术中的各种形态的线条除了具有丰富的表现性特征外，同时还能引起人们许多的象征性联想，产生这些象征性联想的原因与线条的方向和它在画面中的位置有很大的关系。这种由线条的方向及其在画面中所处的位置给人们的视觉造成的感受与人类对自身生存状态的感受有着直接的联系。应该说线条的这种象征性联想有着深厚的传统基础。需要说明的是，这些线条有时是我们的眼睛不能见到的，它隐藏在某个形体的内部，一般是作品中某个形体的"中轴线"或是主导整个作品的结构线。下面列举的是"象征性"线条在艺术作品中运用的情况。

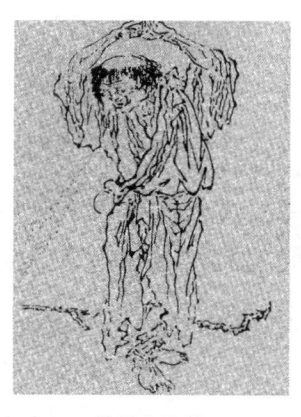 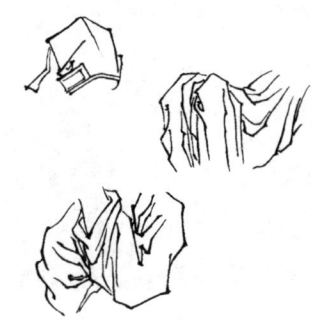

战笔水纹描　　　　　　　折芦描

垂直线代表生命、尊严、永恒、权力以及抗拒变化的能力；

水平线趋向表表示寂静和安定、大海的平静、死亡、大地和天空；

斜线意味着行动、危险、崩溃、无法控制的感情和运动；

圆形的隆起的曲线，象征着优雅、色情、成长和丰产；

垂直线与水平线的结合给人一种满足感，它象征着如绝对的平衡和直立于地平面这一类人生经验

具体分析：以线造型、用线构成、线型气质是构成线描艺术的基本要素，以线造型是抛开光影色彩，抓住物象本质，直接刻画物象结构，并调动审美品质，主客观相结合，达到"得意"造型；用线构成是如何组织线条并使之完整地构成一幅作品，它包括两个方面：一是总体画面的章法构成；二是具体物象的线条构成；线型气质则是作品生动与否的主要因素，它同样包含两层意义：即线条所表现的形象气质和线条所体现的每个画家的艺术气质，二者不可分割。总之，我们在欣赏艺术的过程中必须意识到线条作为基本的传达手段，无论是在形象的描绘、人类感情的表现，还是在事物信息的传达方面都起着非常重要的作用。

四、各种艺术作品中的线条艺术欣赏

在各种艺术作品欣赏中，特别注意观察作品中的线条所显现的方向、

蒙克作品

力量、速度、在作品中的位置及其他一些形态特征；其中蕴涵着许多与作者的创作意图相关的表现与象征性信息。这里需要强调的是，在观察的同时，要用心去体会。

1. 从油画作品看线条美。

蒙克《呐喊》（1893，油彩·画布），戴维斯《打蛋器第一号》（1927，油彩·画布），蒙德里安《椭圆形内的彩色方块》（1915，油彩·画布）。你能从上面三幅作品中找出不同的线条吗？现代艺术中的欧普艺术家，有时会以线条来创作具有视觉动感的作品，如莱利的"水流2"作品，运用平行的波纹曲线组构成具有动感的画面。

2. 线也是平面构成及平面艺术中一个关键的视觉元素。

人们对大千世界中各式各类线条在审美上的心理及情感认识与理解，同时对线条在摄影构图中的重要作用进行了探讨。概括化和抽象化的线条构成了环境陶艺雕塑抽象或具象的轮廓和面貌特征。历来的美学理论强调了线条在主观体验中融合进人的审美情感。陶艺家和设计师对陶瓷材料进行不断的探索和尝试，克服工艺上的局限，充分利用陶艺语言的优势，拓展了环境陶艺雕塑中线条的更为广阔的美学空间。在东方插花中，线条是造型的重要手段，也是中国传统插花的主要表现形式。在现代花艺设计中，"线"在作品中充当造型主角。"线"包括直线（垂直线、水平线、斜直线）、曲线（圆弧线、几何曲线）、折线。直线给人一种强硬感，而曲线给人一种柔和感。线条还有粗细之分，粗线条钝重、强壮，细线条感觉敏锐、纤弱，折线则有一种紧张的力感。

3. 中国画是线的艺术。

中国画的线描既可以作为创作画的底稿（素描稿或粉本），又可以"白描"的形式独立成幅，使其具有独立的审美价值和艺术价值。所以，我们说线描是学习中国画的首要课题和必备的造型基本功。没有对线描的基本功的正确认识，就无法真正体

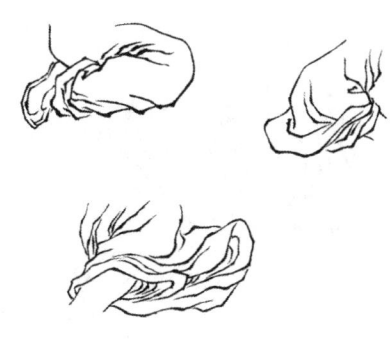

枣核描

会传统中国绘画的美，就不可能对中国画进行具有实质性的研究。

据现有的考古与研究发现，线描形成于商周（如铜器与陶器上的图形）和春秋战国时期以及汉代的帛画（如《人物夔凤帛画》《墓主生活帛画》），途经汉、晋到唐五代、宋才将线描逐渐完善。唐宋时期可以说线描绘画的成就达到了高峰。历史为我们留下了极其丰富的线描范本，学习并了解它们的基本规律尤为重要，如：东晋顾恺之的《女史箴图》、《列女仁智图》，吴道子的《送子天王图》、《地狱变相图》，宋人的《八十七神仙卷》，唐代李公麟的《五马图》，《免胄图》以及《九歌图》等等，皆为人物画白描的杰作。我们通过学习这些优秀范本，应该体会到以下的两个

枯柴描

柳叶描

基本的东西：

（一）传统中国画其笔法起着骨干的作用（笔法，用现在的词汇来讲也称为语言）。它和中国的书法精神是紧密相连的，也是对客观物象高度的意象性的概括。因而，在南齐谢赫的《古画品录》中，把线的运用排在第二位，称为"骨法用笔"。

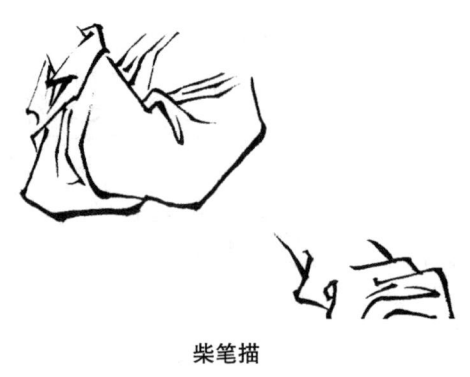

柴笔描

（二）历史造就了这种具有书法意味的线，并使它成为中国画造型的手段。这同西方传统绘画以体、面、光为造型的手段有着根本的区别。西方绘画以客观自然为主体，并以其科学的理性判断和真实传达的手段为目的，故我们把这种以反映客观物象真实性为宗旨的图式称之为"具象造型"。传统的中国画艺术以人的主观为本，以主动亲和的态度感受自然，从而达到"天人和一"的境界，故我们把对客观对象总体特征的主动把握并赋予一种特定的表现形式所实现的新形象之图式称之为"意象造型"。中国的线描正是塑造意象形象的最好语言形式。

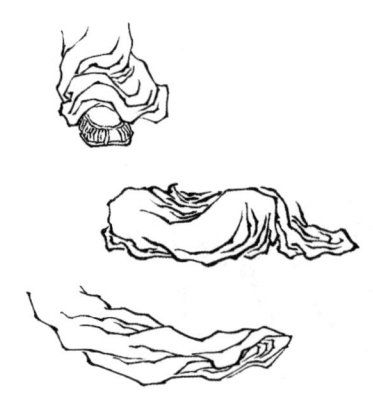

橄榄描

国画中用笔所作之线具有表形、表意、表神之功能，"用笔"一词，源于中国的美学范畴、审美理念、书画源流及其工具材料的运用和发展，它促进了线条运用的研究而成格式。所以，传统中国画的用笔实指借物咏情之行迹本质，非指一般意义上的线条概念，线在中国画里却有着特殊的地位。早在唐代，张彦远就在《历代名画记》中宣称：

混描

"无线者非画也。"

中国画是线条的艺术。在中国画里,线条不仅起着塑造形体、界定形象的作用,它还无时无刻不在表现作者的个性品德、人格修养和思想感情。线是中国艺术,尤其是中国画的灵魂,石涛和尚就精辟地道出了线条的重要意义:"夫一画,含万物于中。"(《石涛画语录·一画章》)。传统中国画的基本表现手段——线条蕴含着深刻的人文精神、美学观念、中国哲学思考,本文试从气论、阴阳、表现物象本质、抒情等方面为独立的篇章展开讨论,剖析中国画线条所蕴含的哲理意味,最终得出线条是体现传统中国画美学精神的重要构成语素的结论。这个结论对中国画的创新具有重大的意义。线条语言虽然单纯,但中国画在表现不同对象和物体时,通过对线条进行各种微妙变化,使其产生了独具个性的形

琴弦描

蚯蚓描

行云流水描

式语言，如根据丝绸、棉布和麻料等不同质地的物体，使用不同线型、力度、弹性的线条进行表现。这种不同变化、不同形式和不同线型的线条在人物画中被总结成"十八描"，在山水中被概括成"十六皴"，在花鸟画中则根据描绘对象和作者当时的思想感情的不同而千变万化。

中国画里的线并不仅仅局限在描绘形体、刻画形象上，它一直都试图表现作者的精神世界。事实上，线条在运行过程中的各种变化，如轻快凝重、提按转折、干枯秀润等都与作者的心理变化紧密相连，一些抽象的心理感受在线条的点划之间得到了物化。如八大山人以阴柔的长线、转折多变的侧锋表现自己冷峻的个性和孤傲不拘的叛逆精神；石鲁则以似刀削斧劈、铿锵有力的坚硬线条表现自己不畏强暴、宁折不弯的个性。

中国传统绘画艺术的精华所在，点睛之处在于用线。这与西方绘画的块与面有着天壤之别，是艺术锤炼之晶，艺术家在纷杂的世界万物之

钉头鼠尾描

铁线描

中，不是像西方手法，依靠光源所左右的块面关系塑造画面，而是用极为简洁的线条勾勒出所绘物体的造型以及内在的精气神韵，构成了立体的流动的奇妙无比的艺术效果。在黑与白纯净对比中流淌出交响乐般的艺术语言，这种语言只有

撅头描

高山流水般的古琴曲，方能与之匹配。这就是中国绘画艺术的精髓——白描。历代中国画中的白描精品无不闪耀着时代的光辉和个人的风格特色，为后世留下了一系列具有节奏、韵律美的宝贵财富。白描线条因其具有造型、表情、审美的三种功能，而富于它以神奇的魅力和不可替代的功能，奠定了它在中国画造型中的支柱地位。塑造具有魅力的线条，首先应注意用笔"写"出线条的力度、节奏美和韵律美，其次要让线条与形象紧密结合，最后就是应多观察自然，体会各种美以积聚情感意境，以情运笔，才能表现出具有活力美的线，具体分为十八描。

认识"十八描"。传统人物线描的十八描有：高古游丝描、琴弦描、铁线描、行云流水描、马蝗描、钉头鼠尾描、混描、秃笔描、曹衣出水描、折芦描、橄榄描、枣核描、柳叶描、竹叶描、颤笔水纹描、减笔描、柴笔描、蚯蚓描。这些描法主要是指人物画中的衣纹而言，它们是经过历史的长河不断继承、不断创新的结果。其中的"铁线描"和"游丝描"到现代的中国画中还在大量的运用。这里我们应该明白，"十八描"只是一个数量词，在十八描以外还

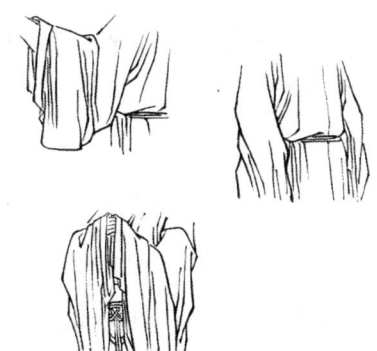

曹衣描

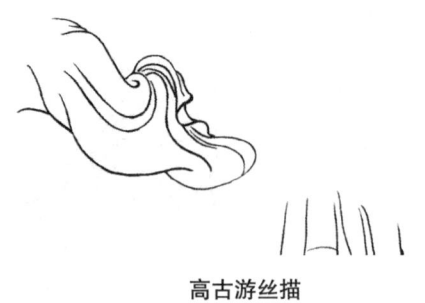

高古游丝描

有数不清的描法。然而,不管多少描法都是历史画家长期总结的结果,更是传统中国画家对客观对象主观概括的结晶,不同的描法代表了不同人物的性格和物象的总体特征,更是代表了传统中国画家对自然的内心感悟。这些历史积淀下来的种种"描法",不应当成为当今人追求的目的,更不应该把它们公式化、概念化甚至神圣化,我们临摹的目的就是学习东方人如何主动把握世界的精神,在继承传统的基础上创造新的表现语言,以适应现代思维的特点,去表现我们对现实社会的感受。为此,任重而道远。

中国画的线在它的浅表含义中是作为构象的手段,在它深层含义中是作为生命情感的表现形态出现的。也就是说在这深层含义中,中国画的线才真正实现着自己。这是西方任何绘画线条所不可企及的。写生中应力求使线描个性化、技术化、情感化,理智地看到线在表现中的作用。中国古典园林在整体布局、叠山理水及建筑物造型上,同样也充分发挥中国画线条的表现力,通过用线的轻重、刚柔和转折等变化及线条在画面上的排列组合,表现结构、空间、层次、节奏韵律及装饰风格。这种富有意味形式的线条又对园林意境美的形成起着重要的作用。

4. 其它艺术中的线条美。

从图案纹样的线条构成、服装结构中的线条设计以及服装工艺设计中产生的肌理线条等几个方面,探讨了服装与线条的关系。而立足于岩画的巫术思维,强调具有创造性的一画所具有的生命内涵,并由此构成中国岩画重线条、重写意的艺术传统,是中国岩画造型线条运用的规律和特点。中国岩画中弧形线的主要表现形式为曲线、波纹线和螺旋线。

静与动、简与繁、拙与巧的线的组合，使中国岩画产生了不同的艺术品格。甚至线条艺术与音乐中的旋律也是有着密不可分的关系，音乐旋律是以"时间为画笔"，在不同单高位置上勾画出来的线条。这是一个非常恰当的比喻。因为音乐中的旋律一方面体现在纵向的音程关系上，即音的高低关系上；另一方面体现在横向的时间关系上，两者缺一不可。只有音程关系就体现不出"线性"的过程，而只有时间过程则又体现不出线条的起伏。线条可以说是音乐中最主要的绘画性因素。

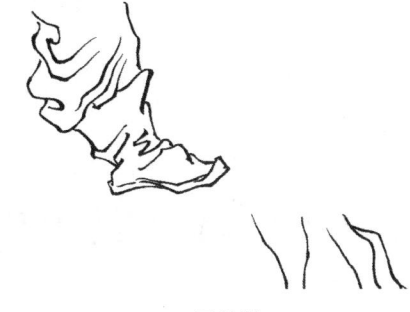

马蝗描

五、观察生活中有意味的线的艺术，进行写生与练习，启发学生关于线的创造性思维。

以上我们对不同艺术语言（油画、国画、雕塑、服装、设计、动画、建筑、陶瓷造型、装饰等等）中有"意味"的线条艺术进行欣赏，了解了以线造型、用线构成、线型气质等构成线描艺术的基本要素，分析线条的特质。

写生练习中提倡用有"意味"的线条来变体临摹不同的艺术作品，在创作题材上鼓励学生发挥个人的想象力，从自然写生中用有"意味"的线条来寻找独特的审美视角和造型语言，不可局限在传统线条艺术题材的范畴，多方面挖掘现代人的审美需求，创作出具有时代特色的线条艺术。

新水墨元素在纺织花型设计中的应用

——关于艺术院校教学法的思考

"问题就是机遇","危机就是大的机会"。由于中国高等艺术院校产学研结合的缺乏,让学生难以致用,毕业后面临巨大的生存压力,为了使学生在人生开始就摆脱迷茫和痛苦,中国艺术院校急迫需要从制

蝶之祭之三　马媛媛

造未来成功者的立足点上来试验教学。笔者认为,面向全球化的未来,培养复合型社会人才,中国高等艺术院校的艺术教育该怎样转型?在中国社会产业中扮演什么样的有效角色?现在正是产学研联合创新品牌的最佳机遇。

笔者在自身花鸟画艺术实践中一直在尝试与思考:新的艺术观念,即是否可以在继承古典传统审美意味的花鸟画作品的基础上另辟蹊径?尝试新水墨元素(新水墨元素即:不在中国传统笔墨语境中的现代水墨语言,尝试新的材料和创作手法,把"水墨艺术"作为一种精神形态所产生的艺术元素)和新的艺术观念(水墨一方面作延伸向传统文化历史积层的符号延续,

诗　马媛媛

另一方面作为介入当代文化以及社会问题的一种特殊语式）在花鸟画创作中的探索，并把此创作运用到生活中去呢？这将是现代中国人集体审美缺失和世界多元化的视觉文化时代相撞击下的产物，此举可谓迫在眉睫——将"花"（不再是传统审美元素中的折枝花卉概念）或者"蝶"，转换成为一种现代绘画元素在画面中"自由生长、飞舞"，以花瓣、花蕊、种子、蝶翅来表达"灵性生命"这个主题，通过画面中的新笔墨语言（不再辖制在传统程式化笔墨语言桎梏中的新笔墨），以及亮丽的现代色彩语言，打破了作为中国画传统小品花鸟画中小巧雅致含

舞竹系列　马媛媛

研发的丝巾　马媛媛

作品在服装上的应用1　　　　　　　作品在服装上的应用2

蓄朦胧的气氛，画面不但有精致细腻、色彩丰富的细节，而且还可以融入传统山水画的笔墨语言和精神气韵，表现出一种现代山水意境中才有的抽象美，以及西方现代色彩构成和新笔墨语言相结合的大气深邃的面貌。

把这种新的中国画艺术意境运用到生活中是否更能适合现代人的审美要求呢？目前正值中国文化在世界兴起的上升期，韩国等手绘花型设计公司在中国业务旺盛，对高端复合性艺术人才需求非常大。中国画的新水墨画版权应该在参加丝绸丝巾、家纺面料、服装等国际展会方面有所体现，在笔者与南通家纺城的朱宝剑书记做深入交流时，他也谈到很欢迎艺术院校来做这种多赢的好事。

如果在此思考的基础上做进一步的探索实践，并借助美术学院这一良好平台，将此作为课题项目研究，从纺织服装业的面料源头入手，建立一个国际面料市场急需的中国新水墨花型研发课程，推动产业创新，并逐步培养更多适合市场需求的艺术花型设计人才，那么一种教学与实用相协调的时尚创意产业便可值得期待。

作品在服装上的应用3

作品在服装上的应用4

那么如何进行中国新水墨花型研发课程？如何培养出更多适合市场需求的艺术设计人才呢？笔者在此提出一点微薄之见：产学研实务—— 四步循环教学

第一步，提升全面素质。

封闭的传统教学，让艺术教育与社会效益基本脱节，学生在一元化的压制下学习，毕业后不得不附和潜规则去换取生存。人格、职业自尊都在严重的扭曲，无法形成引领社会的创造性力量。而在深厚的灵性素养和艺术创造氛围中长大的西方艺术家，具有很强的社会责任感和社会职业道德，一开始就知道自己将来做什么，要解决什么问题，对专业化、职业性的定位都非常清晰，也很讲究学习和工作的方法。从个性上、个体上都是非常独立的。他们对自己的要求严格、对行业的认知强烈，对知识也非常迫切。

我们的教育不应仅仅以理论教学和专业技法为主，更应当培养学生健全的人格和社会交往的综合能力。首先要让学生知道世界的真相和未来的发展趋势，明白形成正确的人生观和价值观是人生成功的前提条件。除了安排相关的艺术课程之外可开展中西方文学、哲学、艺术心理学等课程，充分利用周边大学及大学城各类综合大学的教学和教师资源，并注重开发学生的视觉洞察能力、审美力、创意能力，以便和市场需求接轨。同时根据需要我们还可以联系调研相关的厂家和市场需求，在一个开放的社会大教室里让学生用真实的花型艺术课题、品牌项目来进行实际性的艺术创意训练。

最终让学生认识到"我是谁，我的兴趣是什么，我有什么天赋，我怎样实际的开始……"，并不断超越自我，根据个人的特点来开发自己的创意能力。教师的作用就是真心帮助每个大学生找到自我和自信，形成有益于社会的艺术思想，引领社会的和谐发展。

第二步，开放创新教学。

把国家纺织产品开发中心、上海世贸商城时尚设计谷、中国纺织信息中心、韩国纺织品中心、江苏南通、浙江余杭、海宁、绍兴等家纺产业集群地区的花型设计师和纺织专家做个案分析。有针对性地将学生放到生产第一线去考察、实习，让学生真切地去体悟时代、时尚、个人之间的关系，超越放射性、盲目性的思考，从横向、纵向来进行有的放矢的思考。从而在实践中去大胆地探索发现，摸出一条条适合自己学习和实习的路，学生学习不盲目，实习方向也清晰，这样才能激发出他们内在的热情和创造力。

第三步，执行有效实践。

有计划有步骤地成立工作室，让具备素养、灵性健全的学生轻松地和别人协作沟通。工作室让学生与学生、学生与老师、学校与社会之间、学生与国际之间进行不同文化、经验、理念思想的互动。让学生在社会交往中不断找到准确定位，脚踏实地地去做。引导学生主动选修一些自己喜欢的课程，帮助其找到符合个人特长的专业方向。在企业具体的设计项目下，让他们在一开始就和社会接轨。在为纺织面料基地作面料设计师的培养时，把机会给那些刚毕业的学生，而且让其通过全世界的赛事交流来提升水平。让他们和企业共同成长，让这样的学生在在校时期就能够成为企业需要的，能增强核心竞争力的重要人才。

第四步，评估切实到位。

切实安排学生逐步参与上海国际流行面料推广会、德国杜赛尔多夫国际服装及面料博览会、美国拉斯维加斯国际服装及面料博览会、德国法兰克福国际皮料皮装展览会、西班牙马德里国际服装展、法国巴黎服装服饰及纺织品定牌贸博览会、法国巴黎国际面料展、日本东京国际服装展、意大利米兰国际服装博览会等国际赛事。让其创作被实际地评估。让学生更知道自己和世界关系，从而去寻求素养的提升。进入良性四步循环教学之中！使美术学院成为培育创意人才的基地，创作具有社会影响力的作品的摇篮，从而创造各地区艺术大学品牌。

综上，高等美术院校一定要培养符合实业界市场需要的实际性人才（特别针对绘画类专业的学生），希望这一探索能给传统的高等美术院校就业难的问题找到一条新的思路，同时又给面临危机的中国丝绸、纺织、家具、家居等产业创意元素匮乏的领域带来一些生机。并且更期望绘画类的学生得到四步循环教学训练之后，能发现人生价值和未来，具有一定的社会责任感和创造力，在学习中有的放矢，为社会创造出更多的艺术创意财富和价值。

"危机就是机遇，而今迈步从头越"，考察重庆的几家重要的企业机构如谭木匠、宗申等后，我发现，在创新无力的危机下，在国内创意人才的缺乏下，他们不得不将自己的视角放到了对国外创意性人才的挖掘上。虽然每年到重庆来旅游的6000万人，但他们却买不到一件真正代表重庆文化的产品。成渝地区有家具、皮鞋、国际家纺、服装产业等10个百亿产业集群，对艺术原创的需求使其已经成为境外创意设计机构的主要目标客户。不仅在成渝地区，其实在全国很多地方都面临着类似的问题。如果在这些产业集群上做出成绩，参与国内外的课程实践交流，就能走向世界。我们要有看未来的眼光，试验一个开放的空间，让咨询在其中整合。让释放了灵性和知性的人来把握时代的方向，然后自由选择专业，在不同板块中吸收营养，在思想的撞击中产生创造力，从成立一个个创意设计工作室开始，走出一个分实效报国的艺术创意基地。

让象牙塔的艺术学子们走向生活，促进艺术专业的深度创新，创作出有社会影响力的作品，推动中国品牌的发展，提升中国人的整体艺术素质和审美水平。这样，学校不但能从现在巨大的扩招和供需之间的矛盾中解放出来，还能根据未来教学成功的发展，以充足的人力、社会资源优势，来发展创意产业，进入良性循环，使全国各个高等艺术院校成为真正培育符合时代需要的艺术精英份子的最佳平台。这也将会成为时代的必然，其实当我们有看未来的眼睛，带着正确的思想开始的时候，就已经在成功者的位置上了！

修养篇

谈哲学、神学与艺术

一、关于哲学

我是个画画的，艺术很多时候会思考到哲学这个东西。而且我又是画中国画的。其实在读大学的时候就在思考今天你讲的一系列的哲学话题，深层次的也好，表面的也好，朴素的也好，深刻的也好。其实我也在找一个点，因为如果一个艺术家没有对人生的一个思考，对生和死的思考和探索，对痛苦的一种体悟的话，她的作品高不到什么程度，会显得很肤浅。所以从艺术家的角度来看，其实哲学也是我们的一门必修课，包括文学、哲学。我们在大学的时候必须要读，包括画论方面的。有这么一句很经典的话叫："人类一思考，上帝就发笑。"每个人都听过这句话，但是这里面有很深刻的意义。

哲学是刚才提到的一种反思，一种疑问，不断地追问，对这个人生，对这个世界发生的一切事的追问。其实哲学，就像我们说的学问是一个金字塔，底层是一般性的，基础性的，科学性的，像物理、化学、医学，然后再往上，甚至到政治上，艺术上也好，再往上是才是哲学。但是对于这个金字塔来说，如果按照知识的角度来看的话，金字塔的顶端就是神学，这就是最高点。

哲学最后的追问就是人到底是怎么回事？这是终极的提问，生死的问题、人的问题和这个世界的关系问题，到最顶点能够给解答的我觉得是神学。

哲学就是在不断的提问、不断的追问、不断的怀疑，而神学给了你答案。人生来就会产生很多疑问，包括很多哲学家也在提问，也包括尼采。他一直在追问，上帝死了。他30多岁死在精神病院，这是有历史记载的，而且是拿枪自杀。他死之前的告白是什么？他觉得这个世界太黑暗。为什么他说上帝死了，因为他的哲学观点是这样子的。他的很多哲学理论也导致了很多不好的结果。其实希特勒就是深受他的哲学思想的影响，从他的哲学里引申过来的。因此，这个是很可怕的，是违背了一个原理。这要讲到神学部分，神学的高度是什么呢？它是一个原理。

虽然我不是研究神学的，但是我觉得我是有体会的。因为人一定要看清你是谁，不要太过于骄傲，就像今天哲学里提到的，我就是神，我就是上帝，这样会带来什么后果啊？

后面你也提到很多问题，包括很多灾难，人和自然环境，人和人之间的关系。这个绝对是人自身解决不了的，所以神就给了你回答，因为人是无法追问终极性的答案的。包括真理的问题，就像今天讲的，真理是可变的，当你去分辨，去追逐，去疑问，感觉就会有变化，它不是固定的。《圣经》里有一句话叫："你们必晓得真理，真理让你们得自由。"今天你特别提到真理和自由，但是从神学角度讲，可以给你一个终极的答案。这个答案不是虚空的架构，是实实在在地让你们体验到的东西，我觉得这个很重要。因为我们提到的很多哲学问题，哲学家自己也没有办法解决。就说叔本华，作为中国过来的一个哲学家，他说的东西也是很经典的：人出生就是一种悲哀，如果出生没有死掉，活着是更大的悲哀。他确实看到了人生痛苦的这个问题，他没有解答。他是活到八十多岁，天天坚持冬泳运动。我说的意思是什么？他虽然去提问，去质疑，但是他本身也不能解决这个问题。

二、关于神学

而很多人没有提问，他只是听别人说叔本华是一个哲学家，有多么伟大，按照他的理论来解决生活，结果就自杀了，觉得活得没有意义，其原因就是叔本华哲学是悲观主义哲学。

所以哲学家探讨的哲学问题，对一切反思，思考也好，自我存在的一个见证也，这个是很有意义的。要从哲学中得到终极答案是不可能的。它只能是给你带来更大的问题，或者是恐惧。苏格拉底，我很佩服他，他死的时候有一个典故，刑场上，在被杀的那一瞬间，他跟他弟子说什么呢？他没说什么高深的理论，或是说要弟子继承他的衣钵。而是说：他在邻居家买了鸡，钱还没给他，他死了后，让弟子一定要帮他把钱还给卖主。所以我觉得他太伟大了，临死的都要把欠了别人的钱还给别人。他是以自己的人生见证他的哲学观点。但是有一部分，他是不能给人终极回答的。他很优秀，人格魅力也很高。包括很多宗教领袖，比如释迦摩尼，他对人生的追问，那又到另外一个范畴了，释迦牟尼曾问，为什么人会如此痛苦？一般的人想都没想过，可是他提出了这样的问题。后来他离家出走。无论怎么说，他很诚实。别人呢，遇到困难时，只是大概过去。但是这人却问，人为什么这样痛苦？走之前，他留下了一句很重要的话，就是让人们寻找道路。此外再没讲其他的话了。他本人非常彷徨，最终也没有找到道路。可是耶稣说："我就是道路、真理、生命……"释迦牟尼曾让人寻找道路。但耶稣说他就是道路。我们越诚实就会越明白。当叔本华越来越明白时，他失去了存在的意义，因此成了一个空虚主义、厌世主义者，甚至主张自杀。这是必然的结果。大多数人，年纪越大就越明白生活艰难，而这个问题是政治人、科学家和知识无法解决的。

一个艺术家能解决什么问题？只能通过作品提出问题，作画如做人，人格的高低、思考深度直接和艺术创作者的灵魂有关系，艺术作品是最能体现一个人的灵魂和精神状态的，所以艺术家要比一般人会更多的思考人生的终极问题——"我们从哪里来？到哪里去？活着干什么？"通过优秀的艺术家和艺术作品，能看到人类对于世界的一种思考，对于自身生命的一种思考。包括中国的哲学，比如易经也好，是对自然万物的一种认识和思考，也是非常高明的。"道可道，非常道，名可名，非常名"，老子的思想让你去追思，想得到自然规律的答案。但是《圣经》说："太初有道，道与神同在，道就是神，这道太初与神同在，万物是藉着他造的，没有一样不是藉着他造的，生命在他里头，这生命就是人的光。"总之，哲学是在提出终极问题，神学是在解决人生的终极问题。只有对人生终极问题有了答案，艺术创作才不会纠结于繁复的技法探讨以及无病呻吟的故弄玄虚，也不会进入艺术语言的完善性和独特性探索的怪圈。技法和绘画语言只是载体，艺术家的深度灵性思考才是艺术创作的灵魂，才会具备真正的美学意义！只是在艺术语言和技法上不断执着追求，会来到艺术创作的枯竭和死亡，无法避免地可能会使得艺术创作流于世俗化、媚俗化或者恶俗化，这也是多少年来中国国画界里反复争论"关于笔墨等于零"和"中国画的穷途末路"的症结所在。最近，中国国家画院的集体跪拜事件，也已经带来了国人对传统中国文化和中国画传统的集体思考。

谈美学与艺术

李泽厚先生有《华夏美学》一文，对我影响颇深。此文主要讲述了以儒家思想为主体的中华传统美学，通过对如何处理社会与自然、情感与形式、艺术与政治、天与人等的关系，来探讨自然的人化和人的自然化之间的关系。

作者渐次论述远古的礼乐，孔孟的人道，庄生的逍遥，屈子的深情和禅宗的形上追索，得出结论：中国哲学、美学和文艺，一直伦理政治等，都是建基于一种心理主义上，这种心理主义不是某种经验科学的对象，而是以情感为本体的哲学命题，这个本体，不是上帝，不是道德，不是理智，而是情理相融的人性心理。它既"超越"，有内在，又感性，又超感性，是为什么的形上学。

礼乐传统自古都是为社会群体服务的，作者在第一章"礼乐传统"中提出的"羊大则美"：社会与自然、"乐从和"：情感与形式、"诗言志"：政治与艺术等，探讨了人们是如何通过艺术形式进行言志状物，表达内心情感，继而影响社会的。而"礼"不只是"仪"而已，他是由原始巫术而来的宇宙，社会的统一体的各种制度、秩序、规范，其中便包括对与生死联系着的人的喜怒哀乐的情感心理规范。"为礼以制好恶喜怒哀乐六志，使不过节。"

孔子的仁学是如何影响后世的？李泽厚先生通过"人而不仁如乐和"，人性的自觉"游于艺"、"成于乐、人格的完成，"逝者如斯夫，不舍昼夜"，人生的领悟、"我善养吾浩然之气"，道德与生命、"日新之谓盛德"，天人同构等，分析后认为，人性自觉的思想，是人区别于动物的情感心理哲学。"孔子说："志于道，据于德，依于仁，游于艺"，又如"兴于诗，立于礼，成于乐"。在这里，"道"是意向，"德"是基础，"仁"是依据，而"艺"是自由的游戏。孔子的"艺"是六艺，即礼、乐、射、御、书、数。最高人性的成熟，只能在审美结构中。因为审美既纯是感性的，却积淀着理性的历史。它是自然的，却积淀着社会的成果。它是生理性的感官和官能，却渗透了人类的智慧和道德。他不是所谓的纯粹的超越，而是超越的语言、智慧、德行、礼仪的最高的存在物，这存在物却又仍然是人的感性。它是自由的感性和感性的自由，这就是从个体完成角度来说的人性本体。个体人格的道德自身作为内在理性的凝聚，可以显现为一种感性的生命力量，这就是孟子讲"气"最重要的特征。"气"身兼道德与生命，物质与精神的双重特点，它作为一种凝聚理性而可以释放出能量来的感性生命力量，是由孟子首先提出的。后世诗文艺术中讲求的种种"气势"、"骨气"、"运骨于气"等等，都与主体的理性修养如何驾驭感性而成为由意志支配主宰的物质力量有关。例如，"骨"，经常就是静止状态的"气"，所谓"势"，是一种势能，是储藏着能量的"气"。总之，文艺讲究的阳刚之气，经常与这种气势，骨力相关，它主要不在于外在面貌，而在所蕴含的内在的巨大生命——道德的潜能、气势。所以，即使没有长江大河，高山峻岭，日月光华，它也可以显露。它是在任何形态或形象中的凝聚了的主题道德——生命力量，这种力量经常通过高度概括化了的节奏，韵律等感性语言而呈现，杜甫的诗、韩愈的文、颜真卿的字、范宽的画、关汉卿的戏曲等等，都是如此。

儒家从人和社会的角度谈艺术在其中的相互塑造的关系，而道家则从更为宏观的角度探讨人与自然的关系。在道家看来，人生最大的快乐是感应天地，映照万物，达到与宇宙自然合一。这种观点让道家秉持一种"齐物我、一生死、超利害、忘真幻"的人生态度和哲学思想。道家的"逍遥游"：审美的人生态度、"天地有大美而不言"：审美对象的扩展、"以神遇而不以目视"：关于无意识，扩大了艺术审美的范围，成了儒家的"自然的人化"的充分补足。

在第四章"美在深情"中，李泽厚先生通过"虽体解吾犹未变兮"：生死再反思、"情之所钟，正在我辈"：本体的探询与感受、"立象以尽意"：想象的真实等，探讨了儒道两家的生死观、人生观对生命个体存在的意义。这种人生观说明，艺术中"想象的真实"是一种大于"感知的真实"。

在第五章"形上追求"中，李泽厚先生谈了形而上的两种不同状态，实际上这几种状态就是禅的两种不同境界，也是艺术境界的两种不同层次。在"蓦然回首，那人却在灯火阑珊处"、永恒与妙悟的境界中，李泽厚认为，"任何自然和人事又都有时间的存在，所谓无时间，超时间或宇宙时空之前，之外，都只有诗和哲学的意义。这里也是如此，禅正是诗的哲学或哲学的诗，它不关涉真正的自然、人世，而只是建设心理的主体。这就是禅在美学中的意义。"而在"脱有形似，握手已违"：韵味与冲淡中，李泽厚指出，韵味是后期古代中国美学的重要范畴和特色，冲淡则是后期中国诗画等各文艺领域所经常追求的最高艺术境界和审美理想。

在最后一章"走向近代"中，李泽厚从"师心不师道"，从情欲到性灵、"以美育代宗教"的西方美学的传人来谈现代美学的标准，他认为，"近代一如古代，不断地勇于接受，吸收，改造，同化外来思想，变成自己的血肉，仍然是儒家哲学和华夏美学的根本精神。

通过对李泽厚华夏美学的梳理，我们看到，华夏美学主要是由儒、道、释（禅）三家美学思想构成。儒家思想关注人与社会的关系、道家思想关注于人与自然的关系、释（禅）关注与人与内心的关系，现代美学在吸收了西方美学的营养后，应该充分注重儒、道、释三家在调解人、自然、社会以及人内心世界之间的关系。

论中国画论的价值和当下意义

—— 从当代中国画家的艺术创谈起

中国绘画理论留存著作浩如烟海。它们不仅是中国文艺理论的宝贵遗产，更是中华文化的宝贵财富。中国画论不仅使我们了解中国绘画发展历史的一条关键的线索，还是我们认识中华文化博大精深的思想内涵和无穷的思维魅力的重要载体。它的价值已经超越了美术范畴，成为我们解读中国思想高妙境界的钥匙。

从某种意义上来说，中国画论不仅包括将绘画作为研究对象的理论，还包括与绘画相关的认识论、方法论等，包括中国绘画哲学、中国绘画美学等等。中国绘画理论是以中国哲学为基础理论的，儒、道、释是中国绘画理论的价值核心，这构成了中华民族的核心价值观念。在现代社会价值观念特别是西方文化价值观念的冲击下，这些价值观念核心正在发生着动摇。人们对绘画理论的认知逐渐从盲从转向理性分析与有效取舍。和其他传统文化理论一样，中国绘画理论也面临着去伪存真的过程。理论的有效性和当下性，往往成为判断其价值的重要砝码。

就中国绘画理论本身而言，中国绘画理论有自身生成的独特语境和自足的表现体系。这个体系凝结着中国传统宇宙观、价值观、历史观和艺术表现程式的和谐统一，是中国人精神世界的真实写照。今天我们对美术形态的分类和认识，是建立在西方艺术观基础之上的，虽然其表述逻辑与思维范式符合当下大工业文明的社会结构框架，但当我们用其来规范工业文明之前，尤其是有独特自然地理和历史社会情境的中国艺术的时候，还是会感到言不由衷。譬如神学，我们今天自然可以从宗教学、哲学、历史学、人类学、心理学等学科角度去加以认识和解读，加以细化和规范化，把其中的材料用不同学科的方法和认知思维加以分析，得出严密的令人信服的结论，但这种方式是否就能够说明神学的本质面目和它存在的价值呢？神学就是神学，它不是哲学、心理学、历史学，也不是宗教学。在古人那里，神就是自有永有的一种灵性存在，就是关乎宇宙的一种大智慧和生命的原理，它是深刻圆融、无所不包的。同理，用今天的眼光和学科系统，是否能够真正说明中国画到底是一种什么东西呢？近现代以来，中国绘画的命运多舛，被怀疑、否定、背弃以及被平反、拯救、高扬的历程几乎就没有停止过，从一个极端到另一个极端，中国绘画在几千年来都没有过的大起大落的沟壑中跌跌撞撞，一路穿越，走到今天的位置，满目疮痍，面貌全非（相比漫长的历史面貌而言）。历史总是前进的（不能说总是发展），我们当然无法回到过去，无法还原历史，甚至也无法阻止事物盛极而衰的趋势，但是我们在有限的话语范围内，仍然可以保持住对传统的敬意，保持住理性而审慎的思考。这份敬意和思考就是理解中国绘画的出发点，它落脚于由中国传统画论所构建的历史情境。

对中国绘画和中国画论的认识今天也进入到一个完全现代的视域。对作品的分析，我们可以有构图、色彩、用笔、用墨、线条、团块、肌理、构成等等认识角度，对画论，我们也可以有功能论、创作论、品评论、形神论、气韵论、风格论、继承论等等诸多条析理缕的把握方向。① 这种细化的认识符合学科发展和理性深入的需要，也符合当下我们的学术规范和思维惯性，总之，它能够把过去含混的问题集中而清晰的说清楚，使我们在现象层面有全面而深刻的把握。它是建立在西方形式逻辑、理性思维方式、科学思维方法基础之上的。但是，这种方法是否能够真正进入到绘画或画论的本质层面呢？我们知道中国人的思维和行为方式是辨证综合的，除了逻辑分析，更重视直觉体悟，重视知行动态的合一。譬如石涛的《画语录》，实在是这种思维在艺术领域表达的典范。他把宇宙本体论（太朴——天地——山水）、绘画本体论（一画——一法——众法）和画家个性论（有我）微妙而又智慧的统一起来，同时又贯穿到对绘画技巧的理解上，使形而下的技法（行）与形而上的哲学境界和人格境界（知）紧密结合起来，是一篇境界极高、体系性强、思维高妙的画学专著。② 他对中国绘画透彻而精到的认识，是现代学科研究方法所难以望其项背的，而他的这种论述结构和价值高度，也只能在传统的历史语境里才会产生。"它是和我们民族久远的生存方式以及汉字、语言等方面的特性相关的……是一个弹性很强的诠释模式和思想架构。"③ 因此，理解中国绘画的特质和本性，就无法绕开中国画论独立自足的言说体系，就无法不回到传统的语境和原点之中。中国绘画在古人的世界里，它所具有的价值和意义已经远远超出了我们今天所理解的"美术"的范畴。

毋庸讳言，包括中国绘画在内的中国艺术在今天无法摆脱与西方认知体系的对立，即使我们在传统范围内的解读，潜在层面上仍然有一个

---

① 参见周积寅：《中国画论辑要（增订本）》，凤凰出版集团、江苏美术出版社，2005年版。
② 参见张法：《石涛〈画语录〉的绘画美学体系》，《中华文化研究》2005年秋之卷。
③ 详见张岱年、方克立主编：《中国文化概论》，北京师范大学出版社，2004年版第257—278页。

相互参照的内在关系，更不用说我们主动的形式逻辑分析倾向。这种局面的形成有其进步意义，可以克服传统思维的缺点，获得严谨致密的方法，避免概念、判断、推理的空洞。但我们也应该看到，没有一个用直觉方法的哲学家而不兼采形式逻辑与矛盾思辨的，同时也没有一个理智的哲学家而不兼用直觉方法及矛盾思辨的。艺术离不开传统，传统已经成为潜在的约定，随着频繁的中西文化艺术交流，以及不间断的现代思潮的涌动，也使我们意识到文化断层的自身因素，以及日益加速的西方化的社会生活和意识形态转变，确乎已经很难再将属于20世纪以前的传统含义调整到本世纪以来的社会中来，于是中国画坛发自内心的危机感也促成有关中国传统文化精神的振兴意义。对于一个当代画家来说，从当代艺术家的视角，在对传统学习时普遍都带有自己极强的个性化理解和个人风格上的主动追求。在观照东西方经典绘画和理论时，很自然地对传统绘画能自会于古人之外，开拓出属于自我的艺术空间。在当代中西方艺术更加融合和多元的艺术潮流来看，很多好的当代中国画作品，都具备了直觉和思辨的结合，通过我十多年的艺术探索，和对中西方画论的详细研读，中国画论对我的艺术创作起到了非常重要和积极的作用，同时也规范了艺术家惯有的直觉性创作思维，使作品能更加具有理性和思辨性，更加具有时代特色。艺术从起初就是对生命的一种深刻体悟，不同的作品只是作者的表现方式有所区别而已。在本人的作品中，我更多的体会到追求艺术的美好就是人对自我本性的一次洗礼，确信人追求艺术的美好愿望就是人对"神"——灵性生命的渴慕。无论艺术材料是什么，这种内心对美好的灵性生命的感动才是艺术的力量源泉。艺术作品是通过艺术家情绪的表达给观众一种启示，但这种启示并不是让你获得一些矫情的意境或者感想，而是一种神圣的降临！

水墨一直是被视为中国绘画传统的文化核心之一，尤其是近些年被作为显义提示出来。然而水墨作为现代艺术的前提，是传统和现代相互碰撞的结果。就我个人的艺术经验来看，中国的水墨艺术从开始就很抽象，在世界艺术中别具一格，对日本和亚洲乃至欧洲现代艺术影响深远。中国艺术起初就讲究意境的抽象美，虽然没有像西方艺术那样科学地去研究关于抽象的问题，但是骨子里的确很抽象。从"天人合一"的艺术境界和水墨材质的自由挥洒开始，中国的水墨艺术注定就很抽象了，无论是书法的线条抽象美，还是水墨材质和意境的抽象美，都让人流连忘返。美国艺术心理学家鲁道夫·阿恩海姆认为，"具象和抽象为两极，意象至于其中。根据物体表象特征减少和主观因素增多的趋势，由两极的具象和抽象确定一个尺度，中间部分就是意象范畴"。[1]

正如张强教授在《水墨如何发生·总序》中所言，"同样艺术的方式也需要思想的支持，如此才会使得缤纷多样的创意方式，具有意义的产生。同样，艺术的思想也注定需要艺术的多向情感的实践，也唯有如此，思想才会具有真实的生命能力"[2]

"风随意思吹，你听见风的响声、却不晓得从哪里来，往哪里去，凡从圣灵生的，也是如此"。[3] 艺术创作的灵感，从天而来，虚无缥缈，但是经过艺术家的艺术创作的转换，又确实地震撼人心。石涛先生说"笔墨当随时代"，通过当代中国画家汲取了中国传统画论的营养，融会贯通于当代艺术创作实践中，我确信会让传统的中国国画论在当代中国画创作中焕发出绚丽色彩！

由此看来，中国画论在当代仍然有其重要的价值。尤其是当西方艺术进入到当代困境，进入到对工业文明弊病的反思和对人类生存本体意义的追问，影响到中国当代艺术面貌的形成和价值走向的时候，重归中

---

[1] 鲁道夫·阿恩海姆（美）:《视觉思维》【M】，腾守尧译，四川人民出版社，1998年版第188页。
[2] 《水墨如何发生·总序》。
[3] 《圣经：约翰福音》3：8

国艺术的本体精神，激活中国艺术的文化生态，以一种自省和自觉的态度去关照中国美术观念的建构，进一步发掘中国画论的内涵意蕴和其背后的思维方式，就具有重要的现实意义。可以说，中国画论所包涵的宇宙观念、人生智慧、思维方法和艺术表现程式在当代依然是极其宝贵的理论资源，不仅仅属于美术，也不仅仅属于中国，更属于整个文化范畴，属于全人类。

研讨篇

"天上来：炫墨霓裳"

——马媛媛、彭夬焕联合创意展学术研讨会

时间：2013年4月12日

地点：重庆渝澳艺术中心

主持人：

 刘　浪　资深文化产业投资人、渝澳国际艺术中心董事长

嘉宾：

 张　强　四川美术学院教授、著名美术批评家、重庆两江学者

 梁明玉　西南大学服装学院教授、中国服装设计师协会学术委员、知名服装设计师

 黄　嘉　四川美术学院教授、中国服装设计师协会学术委员

 邱正伦　人类学博士、著名美术批评家

 陈航毅　重庆博建设计公司、总经理、总建筑师

 米　可　艺术家、重庆大学人文艺术学院教授

 刘　阳　红岩文学杂志社主编、中国书法家协会理事、重庆书画家协会副主席

 张俊杰　上海华东建筑设计院院长

 唐　军　重庆市宣传文化基金会秘书长

吉卫民　重庆市文化产业融资担保有限公司总经理

刘明孝　四川美术学院中国画系主任

梅忠智　四川美术学院中国画系教授、中国著名花鸟画家、重庆市政协委员

陈　航　西南大学美术学院院长

马媛媛　四川美术学院中国画系教师

彭奂焕　四川美术学院设计学院教师

　　刘浪：非常高兴有机会参加并主持这样的研讨会。按照惯例，这样的研讨会，都是由专业艺术家构成的，再拓展一下，就是变成了其他的相关著名学者参与，总之都是在一个小圈子里面进行。今天的研讨会，有些不同之处，那就是除了专业艺术家，著名学者之外，还有代表市场的企业家门参加，还要我这个文化产业中的老兵来主持，充分体现了这次活动的"跨界性"特色。

　　今天媛媛和奂焕的展览很热闹，但最重要的部分还是在展场，在T台，善心不值一提，我们捐了点钱，如果我们的文化能形成一种内心的某种冲动，一个人做这点事也不成问题，……我觉得今天晚上的研讨会应该成为媛媛和奂焕在人生，在艺术上面一个重要的节点。

　　下面就请各位专家、学者以及企业界的老总们，不吝指教吧！

　　张强：马媛媛我比较熟悉，她读研究生的时候就对理论比较感兴趣，后来也有一些合作，今天的现场主题太多，但是谁都能看得出来一些基本的艺术上特点。

　　第一个是马媛媛的绘画承担了几个方面

服装作品

的责任：第一个中国画如何在这个时代演变出一种新的方式，这是不可回避的问题。第二是中国的现代艺术应当如何发展。把媛媛的绘画在国画里看作是一种清新的现代主义，这个清新的现代主义对于当代人理解国画有什么好处？显然纯粹的抽象的尖锐的艺术对大众有距离，但清新的现代主义恰恰是构建大众认读的桥梁和媒介。另一方面是里面的诗意化的东西，诗意化的东西对有文学情结的人很容易引起共鸣，比如说意境啊，场景啊，比如说柔美啊，抒情啊，这些东西还是传统的，是从马媛媛从某种程度现代化的画面上还能体现出来传统的范畴，这是我在思考的问题。因为我觉得中国画要转型的话，必须把原来的范畴进行替换。比如气韵的东西，那种以前的历史感的问题，必须要消解，只要你拿起毛笔写字你就和传统建立了关系，不管你写的内容多么现代，写后现代的诗歌和保证不了你的书写有后现代的气息，这是一个尴尬的局势和困境。——但是我们注定要面临一个新的问题，就是中国的艺术如何在国际上流传，你总不能今天作为当代艺术它没有任何历史感，那中国文化本身的基因在哪里？中国文化本身，这些年来对我个人理论的，另外一个在实践方面也在推进。

彭奂焕的作品和马媛媛的作品两者很协调。但是一个问题使我很不

服装作品

服装作品

解,她在英国那么多年训练,英国人那种变态(后解释"我说的变态是变化的形态")的、歇斯底里的东西,在她的作品中为什么没有出现?

马媛媛:因为这次我们联合展共同的主题是写意中国风,不是英伦风!

张强:是吗?我要说的这个和什么风格没有关系,没有出现太多让人意外的眼前一亮的那种"变态"的因素。我希望以后再看彭奂焕的作品能看到英国人的变态,希望你能把在英国受的训练的时候,感受到的那种气息放大出来。

彭奂焕:是那种游戏化的反讽和戏虐,是吗?

张强:不是,你简单化了,那是漫画,我说的是骨子里的东西,散发出来的。

彭奂焕:我很率真地说,毕竟只在英国两三年,不可能深入到他们文化的骨子里……

张强:奂焕,辩解都没有必要了吧?

彭奂焕:我很坦诚,讲的是大实话。我们的研讨会应该是一种平等的讨论和对话。我们是比较年轻,相对你们而言也没有什么资历,但是

服装作品

我要表达我自己的观点。我有自己的服装设计语言系统，我不想学英国人，也没有必要学，我自己的作品不走张扬路线，也不想哗众取宠，我的设计创新在服装设计的专业人士那里肯定会解读出来；喜欢我作品的顾客也能读懂。我对自己的作品在学术研究和市场推广方面都很有信心。我的服装是为人的日常生活所设计的，不是为舞台表演或者是张老师的人体书法设计的，功能性是我会首先考虑的要点，这也是设计师和纯架上艺术家的真正区别所在。我想在坐的各位也不会穿着那"语不惊人死不休"的服装去逛街吧？日常生活装关于功能性和艺术性结合设计研究也应该有它的学术地位。

  张强：另外，今天这个现场让我感受深刻的是这些收藏家。比如陈总，她喜欢马媛媛的画，他会去找，去追，去研究，我觉得就形成一个很好的气候。这个在北方这个现象比较普遍。比方说我的作品，北方的收藏家喜欢收藏，但他收藏的很暴力，我喜欢你的画我买断，买断你不就成了供养人了吗，我就做你供养人……刘总说这五年没有变化，我说变化是非常大的，在这个境遇用翻天覆地形容也不夸张，我提示这个背景是想说明什么问题呢？我们身处在一个最好的时代，也是一个最糟糕的时代，最好的是你个人的能力能够充分的释放，但是最坏的是你在释放的时候很可能会伤害到别人的权益。针对个人来说，现在是一个极端的个人主义时代，因为没有公平秩序建立起来，不自觉地会伤害到别人。对于艺术家来说怎么办呢？这个内在的深刻性在哪儿呢？就是及早地把你创造性的东西释放出来，不要等待明天，不要积累，也不要等待什么机会，不要认为什么东西合适了我才能怎么样，不要给自己找逃脱的借口。虽然有诸多不满，但是就这次展览形式而言，还是比较新颖的。

梁明玉：我参加过几次奂焕的时装发布会了，每次我都尽量赶过来支持鼓励她。我很欣慰年轻的中国服装设计师在坚持自己的梦想，为自己的设计梦坚持不懈地努力。奂焕几乎每年都做自己新作品的发布会，但是据我所知，她并没有把自己的服装作品推向市场，发布会的花费又非常巨大，奂焕靠自己微薄的教师工资来做自己的发布展览很难得，能坚持不懈地做下去更难得，说明她非常热爱这一专业。当然从另一方面来讲，作为前辈，我还是希望奂焕能有一个良性循环的作品付出和收入，因为优秀的设计师作品最终是靠市场检验的。市场能买单，艺术家才能有收入和动力坚持做自己的梦想。与其花大量金钱和精力做发布会，不如脚踏实地地花钱、花精力做好自己的专卖店。

媛媛的画展和奂焕的时装发布会结合很有新意，媛媛的画印在面料上也很漂亮，但今后可以在结合的具体方式上再丰富和深入一些，感觉结合形式还是比较简单。

黄嘉：我经常担任全国服装设计大赛的评委，也常常做服装设计方面的学术点评，这次来点评一下奂焕的

"天上来：炫墨霓裳"展览海报

作品。彭奂焕这次服装设计的作品很有趣，她是从自己印染面料开始设计，从有现代感的水墨图式里经剪裁、摘取、重组构成一种新的抽象 B 图式，印染于面料再经裁剪缝纫消减成似曾相识的 C 图式，由人体结构与衣褶起伏扭曲重新幻化后又显现出一种与成衣廓形为整体全新艺术效果，再经过着装体态的位移，于动态中显现出似是而非形水墨意境。通过层层衰减，原来的图式不存在了，已经还原成设计师需要的一种心像，就是具有中国传统艺术特征的水墨精神。

这种见物非物、有形无形的美学现象，得益于时装织物上印染传统的抽象元素，得益于散落于成衣褶皱间的中国水墨符号。其实，这就是奂焕孜孜追求的"未完成"课题的设计形式。

除了图形在服装上的解构聚散，还有在成衣结构上的写意式波浪褶皱的抓捏也很有特色，这是服装款式结构上中国风的体现，和传统的西式成衣结构体系之间一下子有了距离感。这一点值得做进一步更深入的研究。

应该说，一个时装设计师和一位国画家，她们用这种新颖的设计理念探索当下服装设计的一种新可能，拓展艺术领域的新维度，这在学术上很有价值。

可以肯定，两人这台设计与绘画多维度的发布展在服装界也是一次可贵的尝试，给未来的服装设计和服装展示提供了一种全新的形式。

邱正伦：马媛媛的作品呢，我们先不管手法是古典的还是现代的，有一点我们首先要承认，古人能和我们交融是在一个交流的平面

"天上来：炫墨霓裳"马媛媛、彭奂焕联合创意展展览海报

上,古人向我们敞开,我们也向古人敞开。我们回避艺术的本质的时间太久了。首先从内心,她是有一种冲动的,作为一个展览,所谓"巾帼不让须眉",也不需要让,我们每个人都在说"中国本土艺术要当代化",说起来简单,但是实际做起来,往往这个部分就被抽掉了。

马媛媛的作品还有另外一个价值,就是你站在自身的角度,对传统绘画的语言进行了许多有效的探索,并且纯化了,而且找到了你的自己的语言体系。我觉得这一块还可以坚持,不着急变,到实在走不下去再想办法。

彭奂焕这次的作品是比较有设计感的成衣,不是那种视觉效果强烈的创意服装或表演服装,很符合我国现在鼓励中国本土设计师品牌发展的趋势,这场发布会有很浓郁的中国风,比较国际化的中国风,在服装的色彩和结构上,现场的装饰和模特的造型上都透着中国情结。服装上主要是很自然的灰绿色系配上媛媛的水墨印花,现场大厅的悬垂的绿色纱幔、模特的黑色麻花辫、细长的眼线、透明墨绿色平底鞋等等都很美,很写意,很中国。

这次两个年轻女性艺术家的合作展,大胆,创新,很有意义的一次尝试。我希望今后多看到你们更精彩的合作,为重庆的艺术、中国的艺术添砖加瓦。

陈航毅:作为一个建筑设计师,非艺术专业的人,我不懂学术,但我个人觉得马媛媛的画,首先它直观的给了我一种美的享受,一种全新的视觉震撼。我第一次看到媛媛的画是在 2007 年一个画廊里,看到了她的《迹》系列,因为我不懂画,但自己喜欢艺术,马媛媛的画给我的第一感受,就是这个国画跟一般的国画不一样。这个不一样来自于她的"迹"。我当时理解的是,它是一种对自然现象或者生命现象的反映,为此我专门设法找到马媛媛的电话,当时马媛媛在支教,回来之后联系她我就收藏了她的一批作品。而且我也在跟着她学习画画。因为我不懂,我只能看画面，我觉得她的技术、思想性、学术的一些过程都很值得学习……有的时候有些艺术家有了信仰会约束她的创作，因为这个其实它是有关系的，它反映出她的内心的一些。到了这个阶段穷尽的时候，还可以有所跨度，尽管她的作品现在已经非常丰富，我觉得以后还可以做另外一些其它极端方式的尝试，比如从完全不一样的角度着手或者表达一些完全不一样的另外的感受。

彭奂焕这次的作品相对内敛，有中国风的含蓄和大气，在我看来挺好，我就穿了一件她设计的衬衣，很舒服，有设计感，低调不张扬。她的服装是我们这种人比较喜欢穿的风格，注重细节设计，而且她设计男士的衬衣很有特点，正反两面都可穿出不同感觉，正面穿比较低调，反面穿就挺时尚跳跃，在不同场所你就可以变化着穿，比如上班的时候和下班后去休闲的时候，有意思。

关于这次展览，我觉得我可以提个建议，就是两个主体在一起怎么样进行叠加和加分，我觉得还是应该发挥两位艺术家最具特色的骨子里的一些本质东西和她们的一些核心东西，不要太过分地迎合某种学术加分或者娱乐报道，我觉得她们这次就是太急了点，准备有些仓促，在细节方面还需要完善，要想在业界有所成长，每一次展览都是很重要。我希望她们下次合作能在我们新办公楼一层的三千多平米的艺术空间来做。

米可：看完这个展览我有个感受，就是觉得两位女艺术家，她们在探索，也是在实验的状态中，这个非常好。作为当代，实际上从美术史的角度讲，传统，现代，后现代，进入现代社会我们是反传统的，一定是跟传统对立的，但进入后现代不是没有状态的，实际上传统和现代都是一种元素，你都可以拿来用，中国当代和西方当代不一样，西方是有一个传承和延续过程的，但中国是国门一打开，人家已经是后现代了，我们还是毛泽东时代，所以什么都进来了，那么在这种情况所以大家说中国是"一切皆有可能"的，价值观是多方面的，不是美术史的抽象价值观，比如说是抽象主义来了，写实主义就没有意义了。在中国，写实的、抽象的、行为艺术的、架上的架下的，在目前状态下都有价值，都有空间。她们俩的作品把传统的、现代的、行为的，结合在一起，当下大融合的语境。

刘阳：我们问别人太多太久了，真的我们经常在问外界，我觉得很多问题是我们应该自问，你真的喜欢艺术吗？或者你想成为艺术家吗？——我们应该自问，我们生活在当下我们有很多困惑和问题，我最受用的是我可以用艺术来解决。看到这两位艺术家的展览，我真心地感受到她们是真爱艺术、爱设计的。

关于这个展览，我觉得挺好的。我蛮喜欢她们的作品，女性化，小清新有什么不好（之前两位男性艺术家说她们的作品是"小清新"），马媛媛的画清晰、色彩斑斓，一看就是女性画家的作品；彭夹焕的服装我还挺喜欢，你们老说学术这个那个我不懂。我发现你们男人老是在说说说，不去做，有人做了你们还在挑刺，你们老说"巾帼不让须眉"，让什么让啊，须眉都没起来，怎么让啊？（众笑）我都被这个环境逼得没性别了，我已经是中性的了。（众笑）

总之，今天的展览我很享受，很轻松，很愉悦，比那些纯学术的研讨会或画展更享受，本来社会压力就大，为什么下班后还要学术得头痛，你们说她们的展览碰撞冲突不够大，她们还这么年轻，都这么美，心也这么纯净，为什么非要去做那种边缘化的碰撞冲突。美的形象有很多种，她们这次展览所强调的美，不是那种变态的怪异的让人瞠目结舌的美，而是一种时尚现代、和谐细腻的女性美。

她们展览的宗旨就说，"让艺术更生活，让生活更艺术"。她们把高高在上的架上艺术画展和时装艺术巧妙地结合，正如一位名家点评所说，"这次，看到她们这一批有中国传统水墨画色渍水痕元素、有宋元风格的笔墨趣味图式的时装作品，真让我大开了眼界：'旧时王谢堂前燕，飞入寻常百姓家'当下时尚设计作品里怎样闪烁我们民族象征的艺术元素？怎样用高雅的艺术去装扮寻常百姓？毋容置疑，奂焕和媛媛的联展做出了一次成功的尝试。"

张俊杰：我觉得这个研讨会很特别的，艺术界这种针锋相对的感觉很有趣，跟我们建筑平时做得很不一样，这种讨论对于艺术家的成长是很好的。中国现在缺少的不是设计的、政治的，而是本身的本原的该怎么样就怎么样的绘画。虽然我是搞设计的，但是艺术本质是一样的，就是要打动人心。马老师的画是一种很明显的女性感觉，是女性画家的本性流露。她的画是美和生动的，活的，用中国的手法做不断的尝试和有主题的探索，在这个年龄段是很难得的。看社会需求，看专业领域，她都在观察，看喜欢自己的人群，用中国的手法表现自然界。她的作品与时代接轨的部分是明显的，社会需求从多个维度来表现。

马媛媛的作品呢，我觉得，很真实，表达了她自己的内心感受和对自然的感悟，不一定是美术史的高度，但是在这个时代里面，能和这个时代的人能有美的共鸣，不管材料技法怎么样，但是美是共通的，它会打动人，通过作品本身传递这个时代的一种精神和感受。我认为，艺术就应该是多元的。另外，我觉得作为一个年轻的画家，我在她的画里面看到了成长，她不断地在做一些尝试，我觉得这种尝试是很有意义的。

彭奂焕的服装设计我总结了三点不知道正不正确。因为我是学建筑设计的，它和服装设计共享许多词汇，比如"concept（设计理念）"、"material（材料，材质，面料）"、"function（功能性）"……

1. 中国式写意文化；自然，自在，自我的生活方式的体现；
2. 中国式自然主义，天人合一的精神的体现；
3. 一衣多穿，参与互动设计理念的体现。

唐军：我刚刚从北京调到重庆，对重庆的一些情况还不是很了解，但是对于重庆的文化艺术方面，我觉得我们需要更多类似的展览和艺术家。重庆不像北京、成都，除了码头文化、抗战文化，几乎没有什么拿得出手的，是一片文化空白。但这个空白，同时也可以说成是一种可能性，它存在这多种多样的可能性。政府也在这一块做了许多努力，如果有好的项目，政府方面也是愿意扶持的。今天看这个展览，我还是非常喜欢的，我觉得她们让我觉得很放松、很享受。这样的艺术形式也很新鲜，别开生面，我希望以后会有更多类似的展览，而且把它扩大，让受众面更大。

彭奂焕：我们非常感谢各位专家前辈、领导、老师对我和媛媛作品的肯定、鼓励、批评、建议、关心、指导，这是一种难以用语言表达出来的感动与感激，在我们的艺术成长道路上非常重要，我们之后会好好总结吸收。

刘明孝：马媛媛平时除了上课以外，很多的心思用在自己的创作上，在青年教师里面应该算是起到了比较好的带头作用。她在学术活动方面的表现是非常活跃的，这和她的性格也有关系。她也算是多产的一个画家。她的艺术造诣在青年教师里面也非常的突出，从上次那个重庆市的作品展里，我们也看到，马媛媛、李志坚的作品是比较突出的。这次马媛媛和服装设计的彭奂焕联合举办这个展览，我觉得很有意思。因为不同的艺术形式在一起可以迸发出不一样的火花。我觉得我们作为主办方非常希望这个展览搞得很圆满。这对我们其它的青年教师也有启发作用。所以在这儿，我也代表我本人，也代表我们中国画系对这个展览表示祝贺，也希望这个展览圆满成功。

梅忠智：马媛媛从在四川美院给我当研究生的那个时候开始，她的艺术就有一个指向，那就是什么呢？在继承传统艺术的基础上，寻找到自己独特的艺术语言。她读书，形成她自己的思想观念。她在描绘、创造、生活中去寻找属于她自己的艺术创造语言或活表现手法。这次跟彭奂焕合作的这个展览是一个新的样式的展览。马媛媛的花鸟画是在传统的基础上，寻找弘扬这种传统艺术的可能性。她逐渐地寻找到把传统艺术跟当代艺术融合的一种方式表现。那彭奂焕的服装跟她的那个传统形式的花鸟画的构成方式，突出了马媛媛的绘画特色。我想这是年轻一代艺术家展览、传播方式的一种新尝试。这种形式在国外也有，比如日本的和服上就有很多很多种艺术的，一种绘画艺术的一种痕迹，或者是一种结合。还有日本的一些装饰品上面像一条大围巾，实际上是日本妇女包东西形成的传统。日本在现在社会当中一些年轻的日本女性也在百货商店买东西，她们不用什么"路易威登"啊，也不用什么"香奈儿"啊，也不用什么"谷奇亚"什么东西，但是她就喜欢用那种包东西的布来运载她所购买的一些商品。但是，这块布可不是简单的一块布，这块布要么就是比如说日本书法，或者是现代书法，或者是现代水墨画，或者是充满色彩意识的日本画。那么它在印在上面，形成一个生活品，一种绘画艺术。所以从这个意思上来讲，马媛媛和彭奂焕的这一次展览是第一个吃螃蟹的吧！这个展览的形式是比较新颖的。

陈　航：对马媛媛我是比较关注的。中国画发展到今天，有很多路条路可以走。但是，有些路，人们尝试的已经很多了，有些路却是很少人尝试。所以我首先觉得这个展览的时代性、当下性非常强。中国画需不需要就是那种学术意义上，一种研究呢？那是肯定的。但是，如果中国画一直在象牙塔里面去研究，或者说一直在某一种领域的这样的状态上面去研究的话，那么，它的空间应该说还是会受到一定限制的。我看了作品后，印象最深的是中间有种拓展，中国画如果从传统角度来评品你的绘画时，我发现你大胆突破了很多东西。如果用另外一个词，能不能叫"大胆的扬弃了一些东西"。比如说你对传统笔法的坚守、传统材质的坚守甚至传统审美方式的一些坚守。你在视觉上进行了一种审美的突破。特别是形式上的一种突破——点、线、面元素性的形式突破。还有一种视觉就是在色彩上的突破，在墨水色和共同作用下共产生了奇幻般的感觉。这种感觉是过去中国画没有的。你接纳的这种感觉更多的是时代赋予的。另外，你对载体的转换，古人也用绡布画画，但是呢，你用现代印刷术的方式和那种很炫的时装结合在一起，还有灯光、环境、音乐，形成一种综合的东西。因此，这个展览的这个意义在于，让人们看到了科技和艺术的结合。

马媛媛：非常感谢各位老师、专家、领导给予我们展览的大力支持和语重心长的细致分析点评。通过这次展览我们也学习成长了很多，这次展览只是一个小小的开始，因为筹备的时间比较短，作品和展览还有很多不足，特别是我的作品和奂焕的服装结合方面还有很广阔的合作前景，有很多想法由于时间关系，没能充分通过作品表达出来，但是我们自己还是比较满意这次跨界合作展，在重庆的年轻艺术家和服装设计师里面应该还是比较新颖的，希望我和奂焕在以后的合作中能给大家展现更好的作品和展览，在成长中探索，在碰撞中开出美丽的创意之花！

关于"灵墨"

——2008马媛媛水墨作品展的采访

"水"与"墨"是美丽的艺术语言,水的流畅、墨的凝重。我喜爱水墨,"水"与"墨"的交融,撞击、行走,太多的不确定和偶发性,使其更加神秘莫测。寓于偶然中的必然,必然性里的偶然;陌生里的熟悉,熟悉里的陌生,水中的墨,墨中的水;使得水墨语言中生发出了很多的情趣,也更催化了艺术情绪的波澜,但是这种情绪的根源却是来自与艺术家对自我内心的感动和感悟。

艺术从起初就是对生命的一种深刻体悟,不同的作品只是作者的表现方式有所区别而已。在这次展出的作品中,我更多的体会到追求艺术的美好就是人对自我本性的一次洗礼,确信人追求艺术的美好愿望就是人对"神"——灵性生命的渴慕。无论艺术材料是什么,这种内心对美好的灵性生命的感动才是艺术的力量源泉。艺术作品是通过艺术家情绪的表达给观众一种启示,但这种启示并不是让你获得一些矫情的意境或者感想,而是一种神圣的降临!

时间:2008年10月

地点:重庆感觉艺术空间

马嫒嫒木刻作品　　　　　　　　　出埃及之一　马嫒嫒

参加人：

庞　倩　重庆市感觉艺术空间策展人

马嫒嫒　四川美术学院国画系教师

庞倩（以下简称"庞"）：灵墨这个展览大体可以分为三个部分，第一个部分就是纸本抽象部分，叫《诗》，还有一个部分就是布面抽象部分，叫《路》，还有一个就是昆虫系列，叫《蝶》，能谈谈这三部分的由来吗？

马嫒嫒（以下简称"马"）：这次展览对我来说是一次很重要的展览，因为我之前一直研究的都是在传统中国画这个范畴里面创作。在研究生阶段基本都是对传统中国画的深入思考和研究，所以说这次展览，是我从传统到当代方向转型的一个重要尝试。是在这样一个背景下出来的一系列的作品。也是在这样的思考过程中，产生的这三个系列的作品，它们相互之间有着一种联系。重要的东西是什么呢？从传统当中汲取营养，笔和水墨语言我是很喜欢的，我不能把它抛弃了，而是要思考将它怎样运用在当代的语境里面，运用新的一种方式把当代的笔墨感觉表现出来，所以就出现了这一系列的东西。从纸本上出现的这种作品。水墨和色彩

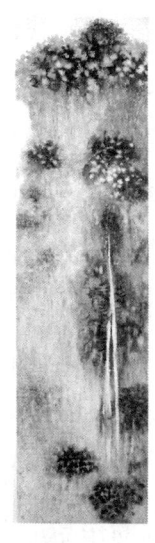

磐石出活水
马媛媛

诗之四　马媛媛

撞击产生的一种美感，符合当代人的审美感觉。还有就是在亚麻布上面的水墨创作，材料方面的转换让你有一种陌生感，又有传统的某种元素在里面。因为传统里面很多美的绘画元素是非常好的。我不想做那种根本不要传统的笔墨语言的特别先锋，笔墨完全符号了，只是一种媒介。

我觉得传统水墨里面有很多美的意境是可以延续和传承的，尤其是水和墨在纸面和布面行走的感觉，既古典又现代，我是想在这个古典和现代里面探索一种味道，所以出现了纸本的《诗》系列。

因为是传统水墨书写的方式，又用现代的抽象语言形式呈现出来，画面就会具有当代的审美气息。另外一个系列是在亚麻布上运用毛笔勾线，用中国传统的铁线描，这种毛笔和亚麻布撞击的感觉出现的效果以及在亚麻布面上水墨、色彩出现那种感觉和奇妙，是纸本水墨无法达到的绘画效果。我在《蝴蝶》系列、《昆虫》系列当中也是想去体现这种布面水墨的艺术感觉，从新的审美视角来看来观察，虽然是传统题材，但是观察角度不同了，虽然可以继续运用传统的水墨手法来表现，但是呈现出得作品面貌却很现代。

有人问我的画里面是不是用了丙烯或者其他材料，我的回答是其实都没有，全是传统的材料，就是水墨、中国画颜料，没有任何的添加剂——盐、洗衣粉、胶。很多当代国画家喜欢运用奇怪的制作出材料特殊的画面效果，但我不想刻意去这样做。我的作品，其实就是一种书写，像《诗》系列就是文字的一种书写，书写是一种传统的表达方式，但又在陌生的材料和当代的审美语境在里面书写，这是很重要的。

在亚麻上面创作，不仅仅是运用了亚麻材料还有水墨，这两种材质相互结合出现新的感觉和效果。我觉得这次展览是探索性质的展览，每一个系列作品都是我的一次新的尝试。在这个过程当中，我觉得学到了很多东西，以前不敢迈出去的，基本上通过这三个系列的作品迈出了很大一步。

庞：这次展览中有一件作品令我印象深刻，有4.8米长，是水墨撞色的，让我想到了北宋范宽的《溪山行旅图》。能不能请你谈一下当时的创作想法是什么？

马：很多人都有一种定式思维，我以前也常常在这方面感到困惑，认为中国画家要么就是主攻花鸟，要么就是山水，要么是人物，似乎在这当中有一种相互之间不可逾越的界限，慢慢地我不这么认为了。

蝶之二　马媛媛

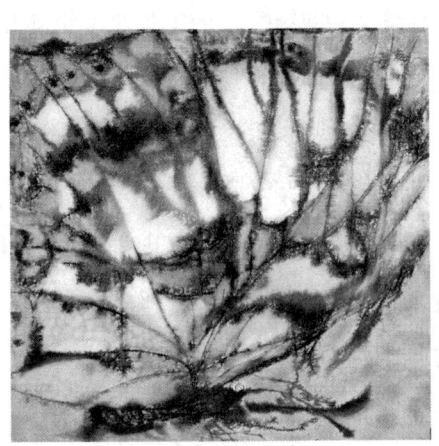

蝶之七　马媛媛

为什么我觉得这次展览有种超越呢？其实画家可以运用任何一种形式去表现。如说画昆虫，我也可以用山水的一种方式表现。我以前主要画花鸟，所以自己有一种定位，觉得我应该是画花鸟的。而在这次展览中我选择了这种很大幅的传统的山水画的方式去表现，对我是一种挑战。画面里的绘画元素不是传统的，而是一种现代表现手法，用水、墨、金色的一种互相撞击和交融，出现了一种特殊的效果。我觉得这幅作品里面的这种水、墨金色的碰撞就是一种很抽象和现代的美。这种相互自由碰撞的偶发性，自然地带有一种天人合一的审美感觉。这种美不是像中国传统绘画里的已经程式化的笔法——披麻皴、斧劈皴、豆瓣皴。创作过程不再是关注一种定式的勾法、皴法，而是保持一种让你很自由和原本的创作状态。用现代的语言去阐释传统图式的一种创作形式，类似老歌新唱，其实这里面自然已经有当代的一种语境了。我觉得是当代的人就会自然创作出具有当代气息的作品，这样才是真实而自然的。不需要刻意做一个与传统无关的东西，以我现在用真实的感受去表现本我的创作状态就可以了。

　　庞：在我看来，你就是把雨点皴的那种感觉完全转化成了现在的这种表现手法，视觉效果很强的一种方法。

　　马：而且它也不失去那种气势，它还是很有气势，很有张力的。作为当代的水墨表现语言，这点也是很重要的。我觉得可以不丢弃传统的精髓的东西，在传统里面去挖掘新的东西，通过新的绘画表现语言去体现当代的艺术精神。

　　庞：我看到你的全部作品几乎都是点、线、面、色构成的一种新关系，创造出一种色墨交混的新境界，有很大的表现力和张力。

　　马：对，的确是。这也是因为中国画包括水墨创作也好，本身就有一种写意性，这种写意性因为长期的程式化创作和传承，很多笔法都很程式化了，没有新意，所以就很容易局限，就像一个人东西吃多了总觉得没意思，像李小山说的"中国画穷途末路"、吴冠中说的"笔墨等于零"一样。其实要在里面掘出一种新的东西，是你自己的东西。艺术家对于水墨有各自的体会，我的体会就是传承水墨语言自身很美的意境和形式。水墨的撞击也好，自由的笔触也好，画面本身有一种很美的艺术感觉在里面，千万不要刻意去作出一种什么样的感觉。我在绘画中运用到很多这种自由的绘画语言表达方式。点、线、面是很抽象的一种元素，我们不要界定它，不要非得将它归类于传统十八描的一种。

当然我知道，中国传统总结出来的东西也很好，但我想尝试突破这种程式。但是它还是建立在传统基础和程式之上，不过，笔和墨的感觉出现了一种新的比较当代的审美感觉，这就是我对这一系列作品的感受。很多传统元素和当代审美感觉交融，画面会出现很多意想之外的效果。我当时的出发点就是想这样画，出来的效果不能完全由自己控制，有很多偶发性的东西！

庞：画面有很大的张力，又有很强的表现力。

马：其实我在画传统工笔画的时候，就在探索这个部分，但是还是总会局限在传统方式里面。在这种抽象里面去寻找具象的一个东西，总是被那种固定思维所束缚。而这一次创作，我感觉就好像把这层束缚冲破了一样，大不了一张纸嘛，真得需要把心里面的那种感受很自然地表现出来，我自己也想不到会出现如此独特的视觉效果。有些画我第一张画出来，第二张就画不出那种感觉了，真是很微妙的，艺术的魅力在哪里呢？我认为就是这种东西。不要去做那种很多程式化的，没有真实感受的作品。其实当代的很多艺术创作，画面有太多模仿性的东西，这样的作品就不会打动人，也没有生命力。我觉得艺术还是要寻找自己内心的感受，这才是艺术创作的正道。

庞：我看到你的每张画都有金色在里面，其实在传统水墨画里面，金色的使用是很慎重的，这一突破也是一个挑战。

马：其实金色是很美的一种灰色，确实在中国画里面金用多了会很不好看的，特别是与水墨的结合，弄不好就会使墨显得很灰。但是这一次用金色也是和以前的创作有联系的，因为之前用的纸是洒金宣，但后面发现画面里面有了金色就不一样了，因为焦墨容易死嘛，如果里面有金色，反而就有一种生机在里面了，而且画面当中金色贯穿整个系列，它就会有一个色彩的视觉主线的那种感觉。通过这种金色在画面中的统一应用，系列作品的色彩就会显得很统一，它使这三个看似没有关联的系列作品自然地统一在一起了。这可能也是一个艺术家的偏爱吧！其实我也不是刻意这样画的，反正就是觉得画面需要这种色彩感觉。你创作的时候，自然而然地感觉到，画面就是需要一点金色，而且墨色朱砂再配上一点金色，从视觉和审美的角度都很美。但从哲学角度去谈又是另一个范畴了，单从单纯的艺术角度来说是很美的，这些色彩配出来是非常美的，类似埃及壁画、敦煌壁画的色彩感觉。我现在新的创作也好，之前的工笔花鸟画创作也好，都倾向于一种美好的东西，这也是我个人的一种创作偏爱吧！

庞：我们再来说说纸本系列，就是《诗》的那个系列，我发现它有当代水墨的含义在里面，所以说它是一种符号化的表现，如果是符号表达的一种观念的话，是否更能体现民族的内在精神，或者也是一种先锋的探索精神。这个你能来说一下吗？

马：刚刚说了，《诗》系列的出发点是在书法和中国传统绘画里寻找古典与现代都能共鸣的艺术感觉和一脉相承的艺术精神。其实，书法本身就有一种抽象美，它是抽象的一种艺术语言。有些人也关注现代书法，现代书法也就在探索这抽象美的现代元素，我以前也看过曾来德和其他当代书法家的很多作品。他们追求的是从单纯的书法关系上面去找得新突破，而我是从绘画的角度。画家的书法和书法家的绘画是有很大的区别的，我是想把书法的一种抽象美的线性绘画元素，转换成一种现代的绘画语言应用到我的绘画创作中，这个在传统绘画创作中也有的，如吴昌硕的创作。但是，我在创作中避免了花鸟或者山水的具体形象，只把书法中的线性元素和书法的书写性笔触，自然地融合到我的现代抽象绘画创作中了。所以说，整个创作过程很过瘾，既保持了传统书法书写的畅快淋漓，又具备现代西方抽象美的感觉，这样的创作就很有意思了。

我把传统书法狂草的书写性笔法运用到我的绘画创作当中，而且我的创作又不是一种传统书写的东西。假如用狂草写一首诗，我的书写就不是这样的，它是很自然的流露，是一种书写状态和感觉。就像诗歌一样，有时你会觉得莫名奇妙，他怎么能说出那个词汇呢？但那个词汇又最能表达其内心的感受。所以我写的时候也是一样的，你们看那幅作品的时候，也能感受到很自然书写的那种过程，而且特别爽快，因为画的过程特别爽快，并不是简单的画画，其实就是在书写。但是又不是书写一个具体的东西（诗词或者形象），其实就是一种心性的自然而抽象的表达吧，很爽快地通过书写去表达的一种感觉，不用去拘谨地考虑一点一笔，要把它写成某个字。因为传统书法要考虑章法，考虑每一个点画，而我所考虑的就是书写的一种畅快和内心情绪的表达，不受文字意思和造型的束缚。在不同心态和心境下的表达是不同的，而这种畅快的表达心性的结果很美，像艺术家的心电图，我感觉整幅画就是书写无形无字的诗歌的那种味道，给观众的不是拘谨的艺术享受。它的美就是一种写意性的美，而这种写意性不是空泛的，而是承载了画家的内心世界和情感。类似美国当代艺术家波洛克的创作，就是一种滴洒，单纯的一种西方抽象表现主义的语言。但是我的创作的不同之处是，我的用笔还是比较东方式的、书写性的笔法，但已经不是通过文字本身传达画家想法和情绪的那种传统书法的概念了。这也是我在这次展览中对自己的一个挑战吧！其实也有人在现代书法里面搞这方面的探索，我只是从绘画元素的角度去创作罢了，我觉得相对我之前的创作来说也算是一个小小的超越吧。

庞：还有就是我从你的绘画作品当中看到了一种很感动，看你的作品，就是心充的满满的，我就在想，是不是跟你是基督徒有关系，有对生命的深刻体会，一种信仰的力量和艺术家的激情在里面？

马：这才说到点上了，因为我在展览的"序言"里已经提到这个问题，"序言"当中提到很重要的一点就是："不管你是用点、线、面、色彩、任何材质，你用雕塑、你用版画，你用什么艺术方式，水墨，油画，油彩，丙烯，最重要的是画家内心对生命的一种体悟，这个体悟不是建立在个人肉体上面的一种愉悦，那个会很容易让人陷到堕落里面的，也自然会让人进到你自己也把握不了的某种感觉中。"那么特别重要的是什么呢？是对神性的圣洁的永恒的盼望，其实就是人想寻求神的一个本能。可能你不是基督徒，你不能体验我内心的感受，因为我们人活着不仅仅是为了肉体的满足，还需要灵性的一种满足。这个灵性的生命才是最重要的，这个生命就是从神那里来的，这也是我信仰的原因。不管是任何艺术家——画家、诗人、文学家、音乐家，他们都勇于寻求这种灵性的东西，但是如果没基准的话，就会陷入完全的灵性黑暗里，到了无法自拔的境界。所以冥冥当中，至少也可以说是一种天意，我觉得就是神意，因此这次展览也叫灵墨，是神赐予的恩惠、恩典，这次展览是荣耀神的一种展览，不是我想要表现自己，看我画的有多好或者技法有多好，而是我对那种生命的感动！也会有一种对生命感恩的心在里面吧！

庞：你是怀着一种感恩的心去表现绘画，表现艺术，所以就会感觉很美好、很满足。

马：这个也是我的作品里面为什么有红色，有金色，包括选择绘画材质等等，都和这个也有很大的关系！包括《昆虫》系列，那个《蝶》的系列也是一样。当你恢复一种灵性的生命的时候，你就会热爱这种神的创造，因为蝴蝶是一个很有灵性的东西，是神赋予它美感，所以创造主太伟大了，他创造得太完美了，画这些东西的时候，就有一种灵性的感动在里面。从这个角度去看，整个展览不是去张扬个人主义的东西，而是给看这个展览的人一种美好的盼望，让人看了内心会有一种感动，这种感受也是我这次展览的根本出发点，不仅仅展示一种技法而是通过展览给人更多的一种思考。

这个"仁者见仁、智者见智"，不一定每个人都能看出来。我本来想这次展览的名字可能要更神圣些。假如叫"什么灵恩"等等和神学相关的，但后面感觉太直白了，大家有可能看到的只是绘画语言本身，不会去看这个部分，这只是我个人的一种感受。展览的名字还是要含蓄点，这样会给观众留更多的想象空间，让他们自己去思考、体会对作品的感受。

庞：我觉得不管是从现代水墨来讲还是从当代水墨来说，艺术家的创作就是需要你个人的真实情感融入在作品里面，如果一直这样坚持下去的话，你的创作会越来越好。

马：对，我觉得挺好的。这次展览是我的一个新开始。我一直向往的创作状态就是我的信仰怎么和我艺术创作完美地结合。我觉得这确实是神给我的恩典，我还是很感谢神。

庞：祝你这次展览圆满成功！

"炫墨"——2013马媛媛水墨新作展艺术研讨会

时间：2013年6月21日

地点：上海朱纪瞻美术馆

学术主持：陈九

参加者：

陈　九　著名国画艺术家

张俊杰　上海华东建筑设计院院院长

陈建辉　上海东华大学艺术学院院长

王纯杰　上海喜马拉雅美术馆副馆长

熊景兰　陶瓷艺术家、收藏家

马媛媛　四川美术学院中国画系教师

陈九（以下简称"陈"）：很多艺术家基本上都是用直觉来表达艺术感受，包括感性的，理性的，知性的，艺术的，潜意识。我近期作品里有东方的东西，也有西方的探索，今天大家追求个性、风格和一些当代的元素，比较丰富。

西方的当代和东方的当代虽然不一样，但里面都有意象。我在里面寻找它的个性、它的内涵。它们都有意象，不是很强，但是很清晰。就像马老师画的嫩竹、山野拾珍，感觉有点点滴滴的东西在里面，而且她的人也很秀丽，像山竹，像荷花，有个性，俊秀，有自尊。我觉得她不会随便改变自己的主张和意念。她是一个有思想、有理念的姑娘。

我很喜欢画人。画如其人。许多学生要认我做老师，我先看他的画，就能琢磨出几分这个人的个性。就像你这个人，看你画的形象就能看出来。形象包括很多，如语言、思想、性格等。

我觉得马媛媛的画还是刚开始。虽然色彩控制能力和其它方面都很好，但想要成大师，不是一朝一夕的，这是一个很漫长的过程。我看到很多画家最后的成功，是积累一生的结果。所以不要苛求，也不要太执着，无知就是最重要的思想。我崇尚老庄，还有佛教的思想。人们说"执着"好像是个褒义词，但到了这个时候应该放下来。任其自然，任自心，要用自己的心来画喜欢的东西。

我感觉马媛媛跟她生长的土壤、大自然有关系。

马媛媛（以下简称"马"）：

我是在甘南草原上面长大。甘肃的绘画氛围特别好，老百姓也喜欢收藏。我老家在天水，我出生在甘南草原，受到了各个地方的熏陶，天性里有的一些东西。

我读大学在兰州，研究生在重庆四川美术学院，所以绘画中融合了北方、南方的感觉。因为是北方人嘛，又在南方，有点不一样。

陈：你的画里面有大气的东西，给我印象最深的是《迹》系列。我觉得画得非常好，比《竹》系列画得好。那几张画我看了很久，看得很仔细。《竹》系列中你还在摸索，还在糅合，好像还有一些人工性，而《迹》系列就没有，很天然，也是你内心的反映。

马：其实这是2009年的一批作品，有一部分是新的，也有老的。

陈：这个无所谓新的老的，都是一样的。

马：我在2009年做全国巡展的就是《迹》系列，以它为主打，做了一套抽象水墨，有三四十幅作品。

陈：我刚才还有看的一个观点，就是将一个主题或一个题材的作品画到底，其它的只是涉及一些，这样是否好？这个可以探讨，西方也好，东方也好，都可以成为大家，都可以成为好的作品。这个世界是多元的，抽象的、具象的，你什么都可以画，就看你怎么画。只要你画出来，都是你的风格，都是你的劳作。即使就画一样东西，画到老死，也会越画越好。由心而发，艺术才能走得更远更好。

张海波：对于马老师的作品，如果在传统的水墨领域里来谈论，我得先承认我对传统的水墨了解不是很深。我更愿意做一个提问的人，因为除了看了她的原作以外，还想了解她是怎么想的，我很关心马老师对自己作品的一个说法。

第一个问题就是，你怎么定位你的作品？你自己创作的时候是不是把它放在具有传统关系的水墨系统里来思考？因为放在传统关系的系统里和放在当代的系统里，创作者的想法和说法可能都不一样。创作时是不是把它纳入到传统的水墨里面看的，还是说你完全不这样考虑，因为刚才你讲在服装，和其它跨界的领域你也做很多实践体验？

马：我尝试了很多材料，我觉得一个好的艺术家，需要着眼于一个大范围，不只是把自己定位在必须画传统水墨或必须画当代水墨上。一个好艺术家应该可以尝试各种方式表达自己的艺术感受。我上周参加了北京的长城当代艺术双年展，送展的作品是很抽象的泼墨，纯水墨的效果，这就是一种尝试。

刚才老师说的很好的就是心性的那部分。它是由心而发的，不是刻意的非要画成传统的东西。如果你是由心而发的，确实有感动有感触，我喜欢，我就画，就比如说这段时间我全画竹子。有些人说你怎么老画竹子，能不能画点别的？那就像朱老师说的，应该在一个地方打深下去。其实这一点都不冲突，主要看你自己的能力，如果你没有这个能力，那你就一辈子画竹子，你就是竹子老大。

王纯杰：（以下简称"王"）：你学过传统水墨吗？

马：我本科阶段就是在研究学习传统的笔墨。完了之后我就觉得笔墨是一种材料、工具方法。最重要的就是艺术家要表达各种打动我的，触动我的题材，然后就集中研究这个材料的深入性。我在本科阶段在油画方面受到了很多老师的指导。

所以说我并不想把自己定位在哪一个范畴，水墨也是一个阶段的。

我喜欢水墨的这种感受。有段时间我特别喜欢油画的笔触，那种厚重感，说不定我过两天会去画油画。也许那段时间我觉得油画更能表达我的感受，有可能会选择的。不过我既然选择了中国画家这样的身份，那么该修练的东西还是要做到。

我现在在中国画系教学，所以肯定有一个主线，还有扩散的范围。所以说我这一段时间，最起码在水墨这一块会有一定的探索和尝试。之前你们看到的是纸本的，其实我在布面也做过很多尝试，此外还有其他的尝试，也可能在布面上画油画，画色彩，这个只是材质的问题。所以我暂时是这样，但并不意味着必须是这样。

王：所以你的画是偏向当代的？

马：肯定是当代的，这是我的一个定位。因为这个时代的艺术家要作这个时代的画，就像朱老师刚才说的，你走传统，不可能达到传统的那个边。古代的文人画天天搞笔墨，你不可能达到那个高度，而且整个环境不一样，所以你不可能去做出这样的东西。我感受到的是这个时代的绚丽、多彩。但这样你还在画那种文人画，有点假，完全不是这个时代的音符，这是我的一个艺术主张。

王：我比较感兴趣的是，你愿意把"水墨"这个概念提出来吗？明年马上要做一个联合水墨的展览。我有一个问题，对艺术家来讲，有些往往把自己定位成水墨的艺术家，但有时候这好像只是一个变通的说法而已。

水墨其实也是在材料上的一个选择，背后的精神才是最重要的，材料本身不是第一位的。刚才你说的是另外一个方向，也许会有完全不一样的东西，会用很多年的工夫去做不一样的事。

马：将来艺术的中心肯定要转向亚洲，而且水墨是中国元素的必然趋势。我特别喜欢赵无极先生的作品，他把中国文人的水墨精神融入到他的绘画里，他不是用油画去表现西方抽象的东西，这个特别霸道。我觉得艺术家也一样，应该把中国绘画精髓的东西融入到自己的创作中，而不是玩表面的笔墨。

熊景兰（以下简称"熊"）：以前我是做陶瓷的，我到这里首先就是来学习。第二，我的观点就是觉得将来中国的水墨和陶瓷应该是和世界接轨的，我觉得唯一能在世界上站得住脚的应该是中国的陶瓷和水墨。如果陶瓷和水墨能够有一个对话，有一个结合点，就更好了。

现在有很多画家用不同材料去表现自己的艺术。有些艺术家在宣纸上表现，有的用油画表现，那为什么不可以在陶瓷上来画？换一种材质如用瓷质表现你的水墨、表现你的绘画。我做陶瓷有很多年了，跟我们合作的艺术家基本上都是跨界的，很多都是在景德镇的艺术家，都是工在前艺在后。而我们这些艺术家全部是艺在前，然后又有工艺。所以有我们这些跨界的艺术家的融入，能够把陶瓷和水墨做得更好，将来能跟世界接轨。

我做的陶瓷原来是传统，现在做的是现代的。我喜欢当代的艺术，我觉得它跟现在的审美意识相关。社会已经进入到这个时代，下一代不可能太多地去看那些传统。我们上一次在艺博会做了一个展览，上海的画家王金一老师说他看完这些陶瓷以后，觉得胸闷得不得了，但走到你这里之后就觉得眼睛一亮，就觉得你这些东西挺漂亮的，因为我的这些都是艺术家参与的，那完全不一样！而且这些艺术家都是跨界的，我觉得这是一个好事，将来我也想做一个水墨和陶瓷的对话。

马：我去过景德镇专门去画过陶瓷的。

熊：是吗？但是陶瓷的笔墨比较难掌握。

马：它是窑变嘛，其实我的画有一点有吸收它的东西。我觉得窑变后的色彩太有意思了，用撞色撞墨的方式使它发生窑变。我也是用石色和水色让它进行碰撞，也有类似的这种效果。

熊：窑变具有不可预测性，而且它也具备非常强的唯一性。

在景德镇，有名的艺术家都愿意介入陶瓷。他们表现出来的东西比景德镇那些工艺美术大师要强多了，所以我想以后有机会可以让艺术家更多地将水墨跟陶瓷结合。

马：这个又可以融入到建筑里面。

熊：我们原来跟华东院就做过陶瓷与建筑的结合，将来水墨、陶瓷、建筑相结合是很有意思的，这就是国粹。看到你们的画之后我学到了很多，我觉得我们的思路要更扩展一些。

张俊杰：我们搞设计和建筑的跟艺术也沾一点边。我们注重的主要是科学性和实用性，而艺术我觉得主要是靠个人的感觉。传统绘画如何跟现代绘画结合是个问题，如我们的建筑设计，有人就会说为什么到这个时候还在做这个形式，因为这个形式经过这么多朝代的淘洗已经不再适应现在了。我觉得说到中国的传统表现材料，比如说笔、墨、纸、砚，怎么跟现代的社会结合起来，能够让那些中年人和青年人喜欢，能够把这些东西放在各个空间环境中，并能提升那里的品味和档次。

今天马老师用她的画、用东方的语言来表现她对世界的态度、对时代和某些题材的反应，我觉得应该让这样的画家多一些，因为画家的画应该是有百变角色的，就像毕加索就可以做很多题材的东西。首先要做适合你自己角色的。第二，能吸取各个时代的要素，把各个时代的感觉做出来并能够得到大家的喜欢，得到各个行业都能认同，这就是价值。如果一件作品没有很多人的喜欢，没有社会价值，那它就是阳春白雪，是没有生命力的，除非你放到博物馆去。每个青年画家的个性都不一样，能力、天分也不一样。在青年时代一定要多实践多学习，才能找到什么是你自己最适合的东西。马老师现在还处在上升阶段。

陈总是总建筑师，他偶尔看到一幅画说这画是谁的，这是有过审美培养的，最后主动找到马嫒嫒老师，然后我又通过陈总认识到马嫒嫒，然后请到我们公司来，这就是一种传播。

现在高仿的东西做得非常棒，我们没有必要再临摹，反过来应该用中国的元素创造出这个时代的一种审美的趋势，然后把它传承下去，并得到大家的喜欢，并能在一个空间营造一个艺术审美的价值。马老师每个阶段都在围绕着一个主题不断地探索，我觉得她探索的东西是很有趣的，你看马老师一个小女子能做这种大尺幅的，能把工笔画搞得这么大气，画面又很柔、很唯美，有生活的感觉，有诗意和美的感觉。

怎么能让跨界的东西有生命力？这个世界本来就是多元的，我们公司也在找一些志同道合的艺术家，寻求在很多项目中的合作平台，我们很乐意与跨界艺术家交友，比如雕塑的，平面艺术的，环境的，有装置的，今后如何在设计中得以运用。之前，在半山上给洋山港指挥部做空间设计，我们考虑如何把环境与室内抽象的艺术结合在一起。后来我与业主交流的时候，我说你要做这个设计就一定要在资金里做这个预算，最后我们请了一个艺术家完成了这个设计。这就是一个非常好的互动。其实我们做了很多公共空间的设计，包括一些机场。设计的时候还没有环境，后来配了很多植物、艺术品，为空间增添了不少色彩。

上海号称是国际设计之都，但要成为一个时尚的艺术之都，还有一定差距。中国的审美还是滞后的，各个领域还比较独立，中国最落后的就是跨领域的，不管是政府管理还是艺术管理比较缺乏，缺少了这些，想要超过韩国、日本，想要更多的国际交流，是很困难的，这是我从建筑师的角度的认知。

动物的不是文化，机器的也不是，文化是的人。艺术家需要把你内心的东西展示出来，才能打动大家。这是经过不断修炼而成的，是吸取了很多东西到达一定的阶段才能达到的，很难受外界的影响。这些东西做出来才有价值。外界植入的、口号式的、符号的、意念式的东西，那些都不是真的，不会经得住考验的。在我们这个浮躁的环境下能够做到这个是非常非常难的。你看那些用钱和权做的东西就不如让艺术家放手去做的，这才是真正掌控作品命运的核心所在。

就像你装修，主人是什么口味的，设计师就做成什么口味的。但涉及到一个城市，它是一个公共产品，你要经得起很多国家和人的考验，要取得大家的共识，还要花巨资来营造这个公共环境。这么一来，小了说你是为了大众服务，大点说是为了城市，再大就是为了国家，你就要考虑它价值在哪里。所以文化氛围就要经过相当一段时间的培养，很多文明文化才真正会有新的跳跃性的发展。这是处在我们这个行当所得的感受。

陈九：下面就请马媛媛来谈谈对此次展览的感受，包括作品创作的灵感、动机等等。

马：很开心有这次展览，还能跟大家交流。从各个领域方面，我觉得这是一个学习的机会，也发现有很多自己需要补课的地方。我个人特别满意这次展览，能有这么多各个领域的老师、专家、学者、前辈给我的画提建议，给我指导，谈你们对我的创作的感受，我确实学到了很多。作为一个年轻艺术家，很重要的是要有一个不断学习的过程。经过不断的交流学习，才知道我在哪里是不是走偏了，在哪里比较薄弱，哪里是长项，也可以和观众有一个碰撞。

前几年我去关山月美术馆做展览，我每天下午都在赶场，特别希望能够跟观众有一个交流和互动，包括来的有各个领域的。艺术品完成就是要去展览，跟大家见面，让观众去感受，希望能有一个共鸣，这才是真正艺术品的完成。上海是一个非常时尚的现代都市，文化多元包容，给很多年轻艺术家提供了很多机会，希望以后能有更多的机会可以来到上海学习交流，参观艺术家的工作室、美术馆，能够跟大家有个更深层次的交流。

该下的工夫还是要下，画画的人是很辛苦的，但是最开心的就是自己的展览开幕，有人去欣赏它，能够有人给自己提建议。再次感谢各位老师和前辈，在百忙中来到现场座谈。

艺术创作对话

时间：2013年4月

地点：四川美术学院虎溪公社马媛媛工作室

对话者：

冯东东　重庆大学美术学院国画系副系主任

马媛媛　四川美术学院中国画系教师

马媛媛（以下简称"马"）：

您觉得怎样才能在艺术创作上有所成就，他的要害在哪里？

冯东东：（以下简称"冯"）

在历史上有修养的人非常多，那些国学大师、文化大师、诗词高手的修养肯定是顶级的，但他们的画还是外行，为什么呢？因为他们只是能在审美的范围内欣赏画，而这个东西是怎么生成的，他们不懂。

艺术家和非艺术家、专业的和非专业的划分界限是什么？是语言，是否介入语言就是划分专业和非专业的前提。攻破语言，这是一个画家一个艺术家最先该做的事，然后再谈修养、理想、追求，就有承载了。

语言，有两个范畴，一是技术范畴，二是视觉元素范畴。很多人漠

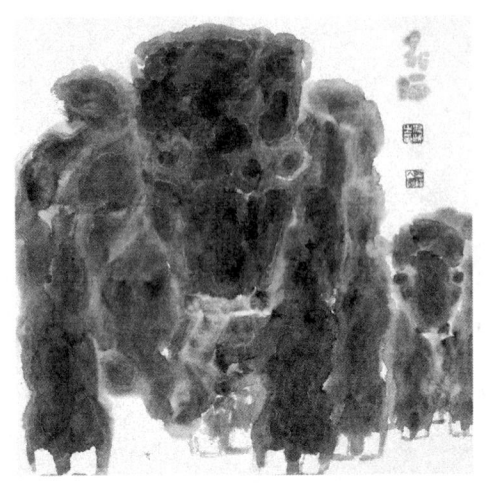

晁海作品

视语言。书写性语言表达方式的核心就是笔，而绘画语言的表达方式更多的是塑造性，塑造性的核心价值就是绘画性。如果一个人可以把绘画性和书写性都攻破，那么他的变化空间真是太大了，具象的、抽象的、意向的、东方的、西方的，都能解决。所有的艺术都是通的，而且所有的本源性问题都一样，东西方的艺术家面对的都是同样的问题，都在解决绘画语言和绘画语境两个范畴。只是不同的人、不同的时代、不同的地域、不同的领土和种族从不同的角度、不同的审美观念、不同的审美价值取向、不同的材料和不同的表达方式上在解决着同样的问题。正是因为这诸多的不同，形成了各自的艺术成果。这些成果流传下来后就形成了各自的艺术种类、风格和流派，但很多人注意了"流"，却把本源性的问题忽略了。当一个艺术的渊源非常久远的时候，它的传统就非常深厚。这些传统既是你掌握艺术的核心路径，也是你到达核心的一个障碍。你想要进入核心，不管你是搞书法还是绘画，一定要有正清源，返祖归宗的能力，否则你就做不好。

马：那你觉得该怎么解决呢？

冯：决定一个人眼界的不仅是他的知识广度，还在于他的角度和高度。一个人认知的穿透力是怎么形成的？春秋战国时期，与圣人的时代相去不是很远，这个时代的诸子百家能超越世人的一些成见，他们的言论能够自成一家。两汉以来，人们有真知灼见，可惜他们的好多见解都是依附于别人的言论，因为他们不是本，是流。人的命运多舛，但他们的志向是不变的，他们的道德是展现在万古之前，情怀寄托在千载之后，金石可以销毁，但他们的言论难到能够灭亡吗？

为什么春秋战国时，不是相去很远的时候可以越世而谈？因为他们还是站着圣人的高度和角度在思考问题，所以他们一下就看到了本源问题。

佛家说，如果你要领悟佛的真谛，一定要有平等性和平常性，否则你是参悟不透的。比如你仰起

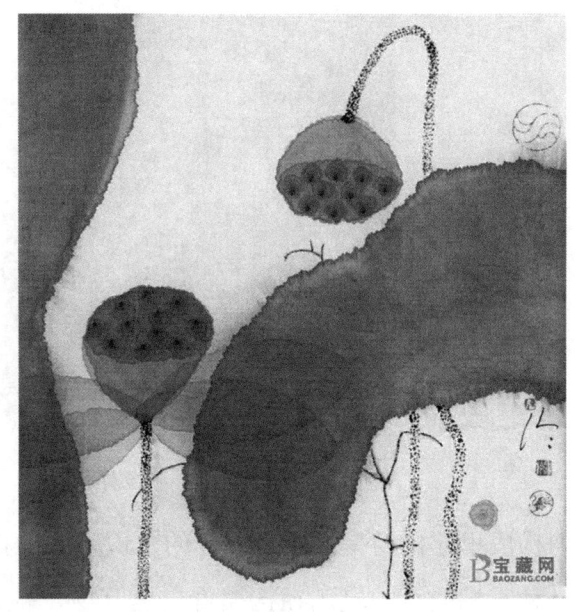

陈家泠作品

头看什么东西时，那么一定造成的是你的弱势，如果你关注艺术品时，你没有平等性和平常性，那么艺术的本质你是窥测不到的。

马：女画家里面能有这种气度的很少，因为她们的胸怀、思维方式不同，格局都比较小。

冯：现在很多人不知道画是干什么的，到底该怎么画，艺术应该解决的是什么问题。一个人画画如果从来没有迷糊过，或许没有一个能让他去奋斗一生的问题，就不会有成就，人的成就是因为与众不同的问题而造就的，这个问题能让你解决一辈子，解决了一辈子还解决不完，后辈们还可以解决，那你就是开山立派宗师级的人物，这个大问题就像是一个源泉，能让所有的人来探讨和挖掘。

马：你觉得是什么问题呢？

冯：这个问题就是，你开启了一个认知自然的全新方式。就比如东西方的认识不同，中国人看自然万物都是线，西方人看到的是形体，印象派看来又是色彩，而印象派里的塞尚看东西又是几何构成，在他的几

谷文达作品

何构成里建构的是像建筑一样的永恒坚固的秩序。还有雷诺·阿，他以一种充满爱意的笔调在抚摸着自然万物，他在抚摸的过程中以一种温情的浪漫的方式抒发着他心中的理想；莫兰迪把所有的一切都纳入色块，而且他把物体和物体间变成了内容，物体本身变成了空间的一个形状，他在物体和空间中又在重建一种画面秩序，形成了他独特全新的视觉面貌。

而艺术在中国人眼里，老祖宗怎么认识的他就怎么认识，从来不去考虑自然是怎么样的，从来没有说为后人重开一扇窗。以全新的眼光来观察和看待自然，看是首要的，观察即是领悟，没有全新的观察方式，哪有全新的感受能力？艺术家的创新能力就是与众不同的感受能力，在从视觉翻新和内容整合上你不能失去渊源、源头和全新的生命力，不要以一种保守陈旧的眼光去看待自然万物，而需要转换一种眼光去和自然交流。

马：是的，中国画在审美范畴上一直延续的是"六法论"，我们应该考虑"六法论"是怎么产生的，一切文化的本源性问题是什么。事实上，中国文化的三次大发展，每一次都是对人性的深入和挖掘，一切文化范畴和审美范畴，它的源头就是生死问题，生死问题是一切哲学和宗教的本源性问题。而生死问题不是本源性问题的目的，本源性问题的目的就是敬畏生命关爱人性。如果一个人失去了对生命的敬畏和对人性的关注，那么你不会产生一种全新的审美范畴和审美价值取向。当代人没有追梦，那么审美上就不会刷新，你不能转换看待自然的眼光，那么你在视觉上也不会刷新，而你又缺少了对绘画本体和艺术的思考，那艺术在你的眼里永远是古人的艺术，你也不会为后人打开一扇新的窗户去认识自然，认识艺术，认识传

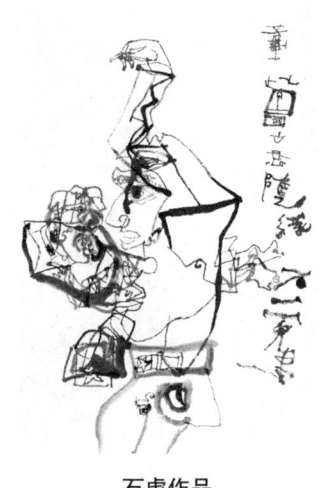

石虎作品

统，认识人性，也不能在这种整合的过程中来形成一种强大的风格。

当代很多大家表面上形成了一种与众不同的表达方式，而实际上是一种制作方式。他们的作品表达缺少深层的意义和内涵，越来越走向装饰画。应该知道，艺术，尤其是抽象艺术，一定要从生命、从本体深层去挖掘它的意义。

冯：对，在中国国画领域，不管是山水、花鸟还是人物，大家是有的，但大师没有。石虎的语言自动性非常强，这种自动性让他的语言很难锤炼，很难以简的方式来再现。他的语言借助于他的图式的整个画面的支撑和形成，他的语言自动性越强，他的语言表现能力就越加的自我化。而在这种自我化。鲜活化和独立的个性化背后，我读到的是文化的缺失和空白，是内涵的浅薄，使他的绘画跟传统语汇脱离的太遥远，跟西方的也不太搭边儿。他绘画语言的母体来自西方，他的表达方式来源于东方，但是他的两个母体在生成的同时在文化内涵上又走的太远。他形成了自我也走出了传统，但他没有融入传统，也没有建立一个全新的传统。毫无疑问，他作为一个标杆而存在。

马：你觉该怎么画？

李孝萱作品

冯：你就去解决艺术的本体问题，在表达方式上去解决造型、色彩，一个是绘画性，一个是书写性。

马：如果只是单纯为了题字而去练字，我觉得是没有意义的。

冯：之所以有些笨人能成事，就是因为他做了一些聪明人觉得没有意义的事情。

马：但不想把写字就写成要题画的字，怎么办？

冯：先写进去，先到人家的殿堂里看看人家有什么东西，先别想着让书法为你服务，当你对他挖的还不是很深的时候，你认为的它对你的服务也是一种假的，所以一个人做事情的目的性不要太强。

一个人太爱活在自己的世界里，很享受自己独处的时光，而你要让自己独处的时间变得有意义，不是有目的的，这样你或许更能发现些什么。唯有安静，才能听见自己，什么时候才能安静呢？无欲无求的时候才能安静，去寻找意义，不要为了目的，那么你便会发现艺术的本体，发现自我的本体。

马：意思是不能功利性太强。

冯：也不是功利性，就是一个人追求成功的那种目标性不要太强，无目标胜于有目标，我们要活出自己生命的意义和价值，生命不是为他的目的而活着，而是为他的意义而活着。当然有时候意义是由无数的目的来生成和叠加的，但我们需要一段时间去毫无目的的感受时间，去倾听自己，自己到底要干什么，该怎么样，人往往在追求目标的时候会迷失自己。

米罗作品

当代人最缺失的是搞不清方向，好多人因为接受了后天的教育，用他们的学养、知识、智慧来看问题，而这些都是传承性的，他们不用全新的眼光去看问题，都是带着有色眼镜去看问题的。

马：我也觉得很多人思考问题，比如社会性问题，他就会带着一种民族的、人民的、国家的眼光去思考，此时，你就会被打着这些旗号的人所利用。思考任何社会性的问题时，你应该从生命的角度，人性的角度来思考，这是人为什么迷失的一个起点。那么在过程中，这个人没有独立的自我意识，有的只是自我独立的欲望。

冯：对，独立的意识能唤醒自己，能呼唤出自我纯真高尚的一面。我们的社会体制和社会环境把人的自信心和自尊心变成了羞耻心，人缺失的是一种精英意识，所以很多中国人在很早的时候就已经衰老了，这里衰老的不是年龄而是心态。人过三十就已经没有了理想。我们要生活，为了房子，为了车子。一个没房没车的三十岁的男人或女人还在谈他的理想的时候，就觉得他不够成熟，有点傻。当你四十岁谈的时候，就觉得这个人脑子简直有点短路。而西方人五六十岁了，还可以重新洗牌来做一件事情，中国人觉得那已经是要到生命的尽头了呀，最起码这辈子的奋斗早就该结束了。

马：中国人对生命的认识方式是物质化的，生命的意义没有延展性。随着你肉体的消磨，意义也就结束了的。他们很少去思考生命的意义是什么，人有没有灵魂，能不能永生。因此，我们很难彻悟到艺术和文化的本质，这些问题才是艺术和文化裂变的母体，但这是母体还不是基因，比如有个容器，你在这个容器里可以生活，但还是要有基因，基因是什么呢，就是绘画性本体。

当一个全新的语言碰到一个全新的文化范畴的时候，肯定会产生爆炸性的力量。首先要找到本体，就是这种文化意识，文化意识就是对生命、对灵魂、对人性的一种关爱和敬畏。脱离了这些，艺术和文化生成的母体就不存在了。说到最本质的就是信仰。

冯：对，就是信仰，但这个信仰不一定非得是宗教，有信仰的最起码比那些没信仰的不知道高了多少倍。而真理，当你不理解它的时候，它就是谎言。当你理解了一半，它就是宗教。当你完全理解了，就是智慧。

每个人应该生活在什么地方呢？应该生活在自己的乌托邦和桃花源里面，有自己独立的精神空间，而这个精神空间在现实生活中是不能存在的，但你应该为了这个理想去活着。每个艺术家都在缔造着自己的乌托邦，都在构建着属于自己的心灵世界。如果你很成功的话，那么你所构建的精神世界和心灵世界就是后世人类心灵和灵魂可栖居的地方。比如莎士比亚构建了他自己的文学世界和文学王国，那么他就是里面的国王。很多人在精神上基本就是草民，每一个艺术家都在创作着一个鲜活的生命。

不管是基督教、佛教还是道教，都是一个民族、一个种族在永恒的历史时空里可供给人类心灵和灵魂安居的地方。它给人类的心灵和灵魂建造了一个永久性的家园。

马：不过，如果人们把自己当做神，当做上帝，就很可怕了。所以后来有些艺术家变成神经病，变得很奇怪。这是一个灵性的世界。

冯：每个人不管你信仰什么，那么它就是你的归宿，也是你的乌托邦。但有些人没有信仰，那他们就要寻找他们的桃花源和乌托邦，比如陶渊明缔造了一个理想家园，但那个理想家园永远不会实现，但让人们永远的去向往；张择端的《清明上河图》缔造了一个繁华的都市，让那些帝王在展开这历史长卷的时候可以感受到那种繁华的盛世。而王希孟的《千里江山图》是大自然的充满诗意的作品，那些透迤的远山、水面，处处都是理想性的充满诗性的非常美的一种自然风光，这就是一种审美理想；再比如说蒙德里安把艺术纯化简洁化到了极致，在表达视觉元素的一种节律，这是他心性跃动的一个音符。

田黎明作品

马：他们都很成功，洗刷了人类对艺术的看法，而且他以标尺性的一个尺度便指向了艺术可发展的另外一个方向，虽然他的传承性不多，但他的指向性非常重要。是什么样的人就画什么样的画。我觉得还是很幸运的，能够在这个时代做这样的探讨，不是昏昏沉沉的画画，起码在思考深层次的问题。

冯：如果你想让自己在艺术上达到一个可以让人敬畏的高度，那么你就要去解决艺术本体——造型、色彩、线条、绘画性、书写性、制作性等问题。艺术其实就是在做这个。一个艺术家，比如说诗人，贾岛有一句话这么说，"两句三年得，一吟双泪流"，他不停地在锤炼语言，伟

赵无极作品

大的诗人和低级的诗人，差别就在那"一"、"两"个字之间。你用了这两个字，那就是大手笔，去掉这两个字，就很普通了，所以艺术家都在锤炼着他的表达方式。

马：的确，一个艺术家如果忽略了自己的表达方式，不断地强调自己的价值取向，那就是白日做梦，想得再美，都是空的。当代一些艺术家把最实质的东西忽略了，在做艺术的时候总是盯着一些功利性的目标或是审美理想的目标就是没有实际看地。那你教学生的时候让他们怎么实践的呢？

冯：首先就是语言，我从第一个学期开始到四年毕业我一直都在讲语言。

马：那让他们怎么练的呢？

冯：就是去感受，去学习，去画。我教的大一的学生里面进入到那个状态的会有好几个，画得真不错，我都画不过他们，回去之后还要好好研究。就是花鸟线描写生，但他们也不知道自己画得有多好，他们的感觉是无意识的。而他们的思想是我在指导，一脱离，就不知道怎么样画了。他的感觉是因我而存在的。

这是一个慢慢积累的过程，最核心的东西一下子不可能教会。为什么说大师的儿子他成不了大师呢？所以还是得有那个心，各个方面的。

那我为什么能这么想问题呢？因为有野心我才能站在那个高度去想。如果没有那个心胸，我肯定站不到那个高度。当你站到那个高度面对同样的问题，你得到的结果绝对不一样。就比如《佛经》里讲，有一个人，他就想成佛，他站着说阿弥陀佛，就升天了。这肯定是个谎言，在《佛经》里阿弥陀佛是让你来呼唤成佛的自信的。

因着每个人不同的问题铸就了不同的人才，就看你有没有原创性，所以什么是智慧呢？智慧不是博学。智慧就是批判的意识，批判的能力，并由此引发的建设性行动。

一些美术批评家都是是属于诡辩性的人，他能把道理说通，但是行不通，他对艺术和书画完全是外行，但他是个辩才，他的问题属于学术层面的问题，学术只是对已经具有的成果的解释、总结和说明。学术问题不可能改变现状，改变现状的永远是原创性问题和实质性问题，他对学术性问题做了很有想法的拓展和延伸，但那是虚无的。当代本身是一个实验性的问题，实验本来就是什么都有可能，所以你怎么说都好，但你说的话能否成为以后艺术发展的标尺，就另当别论了。你的各种假设都可以去实验，这种实验可以作为一个样本而存在，但它不可能作为一个范本而存在。

现在很多艺术都是在沿袭一种非常守旧的艺术概念艺术的标准被固化，所以艺术在中国从来没有发生过翻天覆地的变化，所以中国绘画艺术在走向衰败。

马：李小山说的"中国画的穷途末路"争论了很多年，西方艺术的变革用的都是一种批判的态度，中国艺术本身就是一种中庸思想和方式。那你觉得本源问题是什么？

冯：中国人只是停留在一种特别的表达方式里，不停地学古人，花鸟画从徐熙、黄荃开始，一直就是那种观察角度。花还是花，鸟还是鸟，不会从其他地方去认识。但比如说塞尚，他从几何形的角度、从画面大构成的角度来全新地关照自然。我们要笔笔有来源，处处有出处，大写意花鸟画没人了，工笔花鸟画、人物也没有。山水只是他们的整体阵营比较大，但实际上也没人，那都是一种文人情调，是一种当代都市的文人情怀，都在抒发着他们一种浅薄的文思和文情。他们还是延续着一种古老的表达方式，但因为他们学养的缺失，使自己完全弱化掉了。

马：所以他们好多人都转道当代艺术研究了，比如谷文达、徐冰等等，他们就走得是当代。

冯：走当代是他们对传统的逃避，他们为什么要逃避呢？因为他们自身没有对艺术的一种认识，基本上都在一个范畴做问题。

有些作品表现的是一种浮在表面上的东西，深入进去的人就会看得很明白，否则就根本看不明白。就比如说你给一个色盲怎么讲色彩的美感，他只是从理智上理解，但他就是感受不到的。他可以听，但不能看。色彩只是绘画本体中的一个，而且色盲往往都是天生的，还有形盲、线盲，就更多了，而且这个东西是很难传递很难说得清的。

人意识的最高级的形式是什么呢？从思维的角度来说，就好比陈子昂的短文"前不见古人，后不见来者，念天地之悠悠"，独怆然而涕下之后，他的脑袋应该是一片空白。他看到的只是苍茫大地，这时他的思维停止了，时间凝固了，他的潜意识生发出来了。而这种潜意识是没有指向的，他没有感受到非常实质性的内容或文字，感受到的是一种大情怀，这就是最高级的。他完全脱离了思维和理智，但毫无疑问，那是思维和理智的最高表达形式，绘画也是这样的，为什么绘画可以不停地演变，关键在于你感受到的东西。

马：这是绘画语言，但是他不明白到底什么是绘画语言，他或许可以从文字上表达出来，但他从来没有感受到过绘画语言，这就是绘画语言。

冯：上次我讲顾恺之的《洛神赋图》时，那幅作品的语言特色就是气势，我只能描述一部分，因为有些部分只能去感受，在体会的过程中去升华。下笔肯定，运笔从容，格调堂皇而开阔，其中还蕴含着一种不易被人觉察的温情，而这种温情随着线在画面中形象的生成和整个画面氛围的渲染，一切都归于苍茫。他的线在游走的过程中，那种气度、从容、笔性和品性里面暗藏着情思。这种微妙的东西传达得很好。

马：如同一些人看小说，如果他看的是情节，那么他肯定是一个外行。同样，一个人看画在看形象那么他也是个外行，根本没有深入进去。

马：你觉得当代人物画里面谁画的好？

冯：人物画倒是有几个画得好的，人比如张立柱、晁海、郭全宗、田黎明、刘静安、刘庆和、李津等；如唐勇力形成了语言的实体和他自身的驾驭方式，或者说是他绘画语言的语法，但他的语言只是在表情，没有在表义，也没有传神，语言所承载的品性不鲜明。何家英一个技术性的画家，语言的两个范畴一个是技术性范畴，一个是视觉元素的范畴，他打通了技术性范畴；而王冠军就又比何家英弱多了，他只是形成了一种表达方式，在深层上缺少意义的指向，更多地是一种制作方式，当然这种制作有非常的高度和难度，但自身没有内涵，涉足不到语言，只把握到了技术的性格，没有把握到技术的品格。他的技术是精益求精，精妙绝伦，但他的品格没有指向。

花鸟画能进入语言状态的只有两三个人而已，大部分人都在做效果。很多只是停留在画面感的一种情调上，而那种情调被人误认为一种意境，那不是意境，只是一种情境、情调。

马：英雄主义情怀的震撼不是源自于语言的能量，而是来自于尺幅和视觉形象，这种震撼不纯粹。赵无极用西方的材料、油画语言、绘画观念，再加上中国古老的一种哲学境界，这就是他成功的地方。而且他改变了西方油画的表达方式，他把西方油画塑造性的表达方式变成了书写性的流动性的表达方式，但没有减弱西方的造型感和绘画性。

冯：我提到绘画性和书写性，百分之九十九的人都没有进去，一个时代能画画的就那几个，其他的都是凑热闹的。

马：很多人的画风就是这样的。那张桂铭画得呢？还有陈家泠。

冯：两个人在画面处理上都很有设计性、很现代，张桂铭是思想意识很超前艺术家，他把物像结构转化成画面结构，这是他很成功的一点。他把物像性的事物通过意象保留来完成，这一点完全刷洗了中国传统花鸟画的视觉面貌。他通过画面的构成性以及造型的装饰感，来融入整个画面达到画面感的效果。他在这方面是做得不错的。可惜他对笔墨的提纯方面明显不足，展现他的画以书写的形式、书写性的装饰展现，但他却缺少笔意。整个平面性，对西方的元素吸纳的较多，但是他的绘画表达方式缺少绘画性。至于书写性，他没有书写深厚的功底和线条深厚的内容，他的线更多的是一种装饰性的表达。他的这种装饰线的表达方式是通过表面上的一种书写性的方式来再生的，但是这种生成已经失去传统线条的内涵。

马：我觉得他把米罗的一些感觉加在里面，画面感觉借鉴了米罗的很多东西。

冯：对，但是他没有绘画性和造型感。他的画面只能说是成画，在画面的架构上，还有在画面结构与物像的转换上有他的可取之处。他还有一个很大的可升华空间。但是两方面他自身是不具备的，一方面是他的书写线条的深厚的内涵，另一方面是他的绘画性。她和陈家泠走的路子是一样的。

马：我觉得陈家泠也好，张桂铭也好，他们在审美趋向上有成熟的地方，他们在视觉面貌的架构上也有他们可承可取的地方。他们成功绝对不是偶然的，他们绝对是他们那个年代的佼佼者，而且意识是十分超前的。他们的创新意识非常的强烈，包括张桂铭的画放到当代，她一点都不落伍。但同样他们缺失了最重要的东西，他们做的东西都是别人能看见的，但是推动艺术最本体发生核边的是看不见的东西，好多人是进入不了这种状态。

马：你觉得现在能进入的是谁呢？

冯：我可以说，从书写性这一类，花鸟画进入的好的是霍春阳，书写性的方式他弄得很纯粹，但是开拓性不够，但他走得纯粹，走得有深度。可他的深度是一种复制性的深度。他没有开拓性，没有前瞻性，它只有保存的价值。他有传承的功能，而绘画性这一步做得一般。花鸟画绘画性有的，有造型感的，造型感最强的是郭怡孮，他的造型感只是画面框架的造型感，还有视觉图式性的造型感，他的那种形感就缺少里面非常的内在的、深刻的、细腻的、微妙的特质。他的形自身的品性没有升华，它只是有形的样式和形感觉。虽然他是有形的意识，但是没有形的品性，更高层的东西他没有涉及。他的线条书写性也不强，他的线条更多的只是边缘性的作用。线条自身独立的表情没有在他的画面上存在。他的画面的线条的表现力，更确切的说来，是依附于造型的而存在的，脱离造型，线条就没有内涵了。

马：的确，霍春阳的作品是它可以脱离造型，他就那一段线你也能感受到它是有东西的，有品性的。所以传统这一路走得最文气、最深刻的最敏感的就是霍春阳。虽然他没有创新性，与众不同固然可贵，但人家高人一筹，那更是难得了。在书写性表达这一路，那种敏感性、那种文气、那种劲气，在当代超过他的是没有的。当从这一个方面来谈的话，其他人超不过他。

冯：很多作品只是成画而已。孙其峰、王雪涛是一路的，他们都是任伯年的延续。但是他们和任伯年相比又不是一个级别的。他们和任伯年相比，既没有任伯年的才情，没有任伯年完全刷新中国画的视觉形象，又没有拓展花鸟画的题材和表现的内容。艺术家的艺术成就是由他的社会环境所决定的。

马：中国画从宋元之后就失去了贵气，没有了贵族气息。画中的贵族气息就好比人的尊严一样，画里面要有贵气就好比人要有尊严。徐熙、李成、范宽的作品有，堂堂格格的那种就能压得住场面和气势。然而从宋元之后这种贵气就没有了，就好比人已经没有了尊严，就好比从宋之后人类就失去了风俗。他已经失去了文胆，就好比文人已经成为了政客的工具，要么掩杀，要么吹鼓。我感觉中国艺术往下走任重而道远啊！中国画要快快恢复中国画的尊严和生命的根本。我觉得的这样的讨论很有意义和价值，可以让我们常常反思，不是盲目地画画。

关于当代中国画创作的思考

时间：2013年6月
地点：四川美院虎溪公社马媛媛工作室
参加者：邱正伦 西南大学美术学院教授、人类学博士导师
马媛媛　四川美术学院中国画系教师
陈刚　西南大学美术学院雕塑系教授、著名雕塑家
王灏　摄影家、诗人、品牌策划专家

王灏：今天我们在著名的中国画家马媛媛女士的工作室，有幸邀请了著名评论家邱正伦博士一起来做交流，您跟马媛媛是以什么样的机缘认识的呢？

邱正伦：我和马媛媛的认识是因为2007年我们做的一个展览——中国当代艺术大展，题目就叫"重庆立场"。

王：那时候你对她的感觉是什么呢？

邱：那个时候艺术家特别多，我不可能先看到谁的画好就去认识他。我先是看到她人好，而且山城是出美女的地方。她尽管是从大西北到了重庆，但让重庆增加一道风景线。当我看了她的画，我就觉得，画如其

人，人如其画。我们来探讨今天的当代艺术这个话题时，一定要让这个话题本身有质感，有体味，可以触摸，甚至在重庆这个炎热的夏季里它能让我们感到凉爽。

今天的艺术和艺术家之间的关系正在远去，而不是越来越靠近。这个问题出现在哪里呢？因为有两个断裂带，一是中国传统自身的断裂，二是在我们接受西方艺术的时候，是把西方艺术作为硬边的现代艺术接纳过来，我们没有对它进行选择、判断和过滤。这使得中国的当代艺术处于在分裂状态，而这个分裂不单是指艺术家和作品之间的，还是艺术家身体和内心的分裂，还有当代与传统的分裂、保守与开放之间的分裂。我们想守住一块，但是又时刻想着开放。

那么，在马媛媛的工作室看她的作品，思考她的创作背后的因素，是什么呢？是纯粹的激情。但我们今天再来讨论这个话题，就不能单纯停留在这个层次了，我们要把它放大，展开，往更深度的地方开掘。朱熹有一句话，"问渠那得清如许，为有源头活水来"，那么马媛媛创作背后的创作之源究竟是什么？

王：我觉得她的画有一种非常强烈的生命力。我想请教马老师一个问题，在创作这些花卉作品的背后，你对生命是怎么去理解的？

马：这肯定是要谈到我的信仰了，因为我是基督徒。先从我的性格本身来说，在我没有信主之前，我在草原上出生并长大，度过了18个春、夏、秋、冬，所以我对大自然的情感跟在城市里长大的孩子的情感是不一样的。小时候就在野地里玩耍，就像后来我创作的《山野拾珍》等跟我从小的生活环境有一定的关系。而且当时我的成长环境有藏传佛教，拉卜楞寺也是第二大藏传佛教的聚集地，我们离那儿只有四十公里，非常近。所以我从小耳濡目染，对宗教和信仰有一些思考。

我跟一般的孩子不太一样，一是我成长在大自然中，二是我从小对信仰的思考。我后来到重庆，读研究生，又接触到了基督教，接触到了

《圣经》，就更不一样了。我觉得一个艺术家最重要的是他的内心对人、世界、宇宙的思考。就像我的画里融入了很多信仰的含义在里面。而基督教对生命的理解，跟其他宗教对生命的理解是不太一样的。由上帝而来的生命的力量，更多的体验到爱，我看花的时候，对自然的观照就不是由个体出发的了。这些东西通过我的作品传达了出来，所以你谈我的画作的生命力，这是一个很直接的原因。所以我画的画跟别人不太一样，视角不一样，生命力好像更强盛一些。

王：邱老师，如果把马老师的作品放在当代中国画画坛中来看，你觉得她处在什么样的状况呢？

邱：我们先说一下中国当代艺术的大背景。新中国成立后，尤其是进入新的21世纪的这十多年中国画坛变化很大，各路诸侯都出山了，各条支流都汇集到一起，浮出了水面。此时，各种形式都有，那我们应该把它放在一个什么背景下来判断呢？首先，从艺术本身来思考，它与形式是剪不断的，这是无法回避的话题，第二，每幅画不仅是一个静态的形式，背后还有很深刻的人文含义。

"中国当代花鸟画"这个提法是不可靠的，我觉得它过分强调了一个画种的身份。我们在今天的谈论中还是需要一个表达方式，就又得把它放在那里，所以勉为其难地把它放在"中国当代花鸟画"的这个概念当中去观察、思考和判断。

中国当代花鸟画现在呈现的格局是这样的：一、向回走，回到越是古老的地方越自豪。就像孔子所说，"述而不作，性而好古"，能够找到周公睡过的一张席子，就已经很幸福、快乐了。

王：那这是不是代表着当代艺术家的茫然呢？

邱：对，但这里面的问题是什么呢？不是说往回走就好或者坏，这不是一个好坏的关系，而是我们怎么样往回走，这是问题的关键点，也是一个向度，而这种向度在最后表现出来之后很容易出现一个问题。比如说，你临摹宋徽宗的画，那我就临比他还靠前的画家。这样我就觉得我比他更有地位，这是因为很多人习惯于为自己的绘画做辩解，找借口。第二个向度就是不断往未来走，往未来走这毫无疑问是现代观点。基督教产生之后，现代主义产生，时间才从两个段落进入到了未来的时间，当基督教阐释"末世论"的时候，才有了未来。我们对过去的时间总是回忆，所以所有的回忆就是循环的时间段。比如说，你这一生怎么样？毫无疑问，肯定要思考线性。接下来我们的书画就变了，变得一代不如一代。时代也是这样划分的，古希腊也一样，从黄金时代到白银时代，从白银时代到青铜时代，从青铜时代再到铁器时代，这好像是一个退化的历史观。而当现代主义这个时间维度产生之后，时间就从循环时间转换到了发展时间观。就是说，以太阳为中心，以地球为中心，在这个当中是人为中心的，以人为中心就是说后面的人肯定超过前面的。于是我们现流行的在一个说法，"长江后浪推前浪，前浪死在沙滩上"，那么有这样的一个思考，实际上对未来又可能变成了另外一个，因为未来毕竟还没来。我们要有相当的自信，要对未来做盘算、做设计，这是现代主义。而中国的现代主义，没有依据，不成熟，就是借鉴西方现代主义的外壳，指鹿为马，说我这个现代，那就现代了。

　　20世纪后半叶以来，整个艺术、人文学科都在向语言学转型，正是在这个转型当中，出现了很多的现象。马媛媛的绘画中最值得探讨的，我觉得就是她画中的形式语言。两天她跟我联系的时候，我要求她做一个功课，写出你花鸟画的技法发展方式，不要去说人文、题材，也不要说我这个来源于什么文化。作为批评家，我认为画家一定要明白自己的技法以及自己绘画语言的独特性。只有理顺了这个，那么再谈人文、内涵、精神，才是完整的。

　　她刚才谈得极好，谈了自己的成长背景。她成长的生命的历史就是和草原打交道，蓝天、白云，不是我们重庆人说的好像在讲一段形容词。

而且刚才你的提问也极好，就是问你觉得你的绘画里面有生机的有生命力的部分究竟是怎么来的。我们思考，因为来源于自然。自然当中充满了生命的存在，不仅是从植物开始，我们脚下的整个大地，都是充满生命体的。

今天的人特别爱讲道德。"道"怎么样，"德"怎么样。"道"，简单地理解，就是道理、规律，是某些可以传承下来的东西，甚至可以把它同真理放在同一个位置思考。但是大家对于"德"的理解，往往会有偏差，是把一切用社会规定出来的行为面来探讨。这个"德"，是和生命体密切相关的。天下最大之德，就是尊重生命。儒家里面谈仁，但被我们后来人呛死了。治理，修身齐家，治国平天下，就是沿着这个社会伦理，沿着统治阶级的伦理展开了。但实际上这个人的本意是强调生命的种子，比如说当我们打开核桃，打开坚果，里面都有仁，这就是生命的种子，没有它就没有生命。所以宋代思想家说，春天不要去掐青，就是不要去折刚长出来的树枝、树芽，连树丫都不要去攀折，因为那正是在生命萌发的阶段。

当时马老师在渝澳国际艺术中心做自己的个展时，如果那时能够跟2007年的时间调换，能在2007年先看到青春靓丽、青春可颂的马媛媛的画。我才开始关注她的画，给我印象最深的两幅画，一张画的是盛开的莲花。古代君子以玉比德，今天她真的是把莲花的君子品质和周敦颐讲的"出淤泥而不染"的纯净表现得淋漓尽致。绘画能够代表内心的，说明她的内心很纯净。打个比方来说，西方的两大精神——酒神精神和日神精神，她把日神精神的那种表达形式完全通过对荷花的视觉而表达呈现出来了。

王：马老师你本科读的是油画吗？

马：不是，都有学，属于美术教育。

王：我就是看你的色彩有很多西方的东西在里面。

马：油画专业我也学过。

王：你肯定也学过很多传统的绘画，那么这些传统的东西带给你最大的营养是什么呢？你教的大多数本科学生可能会去临摹宋代的工笔画，这些基本教学课对你今天的绘画有什么影响呢？

马："传统"这两个字里包含了很多东西，就像我的作品能够在今天呈现这样的形态，是综合的因素。因为传统里不光是中国的，还有西方的。我当时其实更喜欢油画。在本科的时候也专门跟从老师出去写生，很执着，油画当中的莫奈、毕莎罗的色彩等都对我的影响非常大，这就是后来我的国画中有对色彩敏锐和感受度的原因了。我个人是由心喜欢画画的，所以当我看到好的作品的时候，就一头扎进去。我在大二的时候接触到现在在北京画院工作的莫晓松老师，他当时是在甘肃画院，这样我就有机会接触到了中国画。

以前我对传统中国画是排斥的，因为我一想到传统画的时候就想到了图式化的山、图式化的花鸟。这种排斥来自于对这个领域的不了解。所以后面接触到莫老师的现代中国画时，我眼前一亮。我觉得居然还可以这样创作中国画，透过去看到了传统中国画里的奥妙。后来到莫晓松老师的工作室学习了差不多四年时间。这一段的学习和我在学院里的学习完全是不一样，我觉得我接受到了像古人那样的师承关系的学习。

王：现在你还觉得中国画和西方画有这种界限吗？

马：现在已经没有那种界限了，但当时很强烈。

王：现在应该是从各个角度来吸收的。

马：后来我发现，中国传统绘画里也有很多很博大的东西，特别是宋画里的山水让我感受到了中国画的那种博大富有精神性的东西。后面的我的创作也想把山水的那种格局和精神气质融入到我的画里。那不是一幅风景画，跟西方的风景画完全是两个概念，跟它的人文背景也有很大区别。中国古人的那种崇高的精神、对山水的情怀、对这个世界和宇宙的看法，全部用山水的方式、用他绘画的独特的方式表达出来了。我对古人有一种崇敬感。

我现在再去临摹的时候，特别喜欢临摹宋代的作品。我再去体会笔墨的时候，就跟我一开始体会到的不一样了，所以传统给我的给养是很多的，不仅笔墨方面的，还有整个精神气质方面的。以至于我后来画花鸟时，也不局限于小情小调，比如折枝花卉，那种很局限的很小的东西，而是追求更高的审美情结。所以传统在这两个方面是对我影响很大的。

王：今天还能再谈中国画吗？

邱：不是说我们可以简单地说"中国画"，或是说在中国画的前面加"古代"、"近代"、"现代"、"当代"这样的前缀，不是这个问题。而是刚才马媛媛在谈她对传统的理解时，说了两个路子，毫无疑问她是真诚的，但在她所说的两个路子背后有一个问题，把它扩大之后，就变成了中国当代艺术当中的问题。不只是说马媛媛，现在的60后、70后、80后、90后，甚至是今后的00后，他们都是按照西方的模式来学习艺术的，所以才会惊叹，怎么中国画还有这样画的！现代主义，像印象主义的莫奈、梵高、高更、塞尚等等，他们当时是无意识地吸纳了东方的，受到了中国艺术的影响，在西方变革古典绘画的时候，受到了当时日本的浮世绘影响。法国有个画家叫普桑，他也受到了很多的东方影响——生活情调、题材，但他在画画的时候是按照自己的想象来画的，这正好说明东方是神秘主义的。在这种背景下，那种奢靡的、雕琢的，我们说的西方的洛可可、巴洛克的这种繁复的，不断去增加的，正好是东方神秘主义的构成。

自然再复杂，我们一旦确定将哪一块作为研究对象时，就找到了一个结构去把握它。而人的内心复杂，我们就很难说了。所以现在心理学里强调把人做为实验心理学来研究，而且用物的方式来研究人，我是反对这种研究方式的。

当她受到某一个艺术家，比如说莫晓松，就是画中国传统花鸟画的，因为他特别爱画荷，但你画的和他不同。我们说"唐工宋巧"，在唐朝的时候，工笔画讲究规范、大气、工整，到了宋朝时就讲究巧。这个就包含了你说的意境，不管是有我之境，还是无我之境，都很强调精雕细酌，审美趣味的呈现，它在把玩的时候会注意多一些。

刚才我讲的往回走的一些艺术家，能够真正的与历代的大师、文人墨客的内心产生交流的不多。所以在马媛媛的成长过程中，重新返回到传统，重新面对中国历代的艺术，读了他们的作品之后，当她发现了谁，谁就构成了她的内体。比如说你信服基督教，你家乡又从小受藏传佛教的熏陶，感受到这种宗教的氛围，内心世界的生活方式生命方式，就自然会受到它们的影响。

王：我一直在思考，我们以东西半球作为分界线，东半球有中国画、日本画，但是西半球没有英国画、德国画，我们为什么习惯于把它界定一个范围呢？因为我看到她的画，我觉得你不能绝对地判定它就是一幅中国画。

马：我觉得艺术是无国界的。

邱：现在的欧盟，可以使用统一的货币。而你看我们这边，为什么叫中国呢？因为这里在先秦时期，是指河南、河北、山东这一块的，真正是在中原地带的才叫中国，那些东夷、西戎、南蛮、北狄，就都边缘化了。日本那么小，我们都叫它们"小日本"，但日本从来没说过自己小，称作大日本帝国。在东方文明里有一种集体无意识，好像把天地人合为一，其他人都不重要，只有在自己这边范围之内的才能合为一，而且只认为自己的区域里才合为一，其它都必须向我们靠近。而西方，在中世纪的时候有很多城堡，一个城堡就是一个国家，那个时候的西方跟东方区别不大，但是到了文艺复兴，到了启蒙主义，尤其是在笛卡尔的启蒙主义之后，"我是主体"建立起来了。康德完善了我是主体。这个时候，他们就把整个思考用生产方式来决定人们的交往方式和文化的表达方式。西方的现代主义是完整地走过来的，所以既然它们的生产方式都一样，那我们就没有必要去探讨法国画、荷兰画、西班牙画、意大利画，没有必要去划分这个，况且国际上也不承认中国画叫中国画、日本画叫日本画，他们都说的是日本的浮世绘、中国的水墨。

中国的历史剪不断。我在思考一个问题，在此前的中国，我们对传统的记忆是非常可怜的。所以这些年我一直都没有间断的对先秦的诸子百家的思想做深入思考。我们现在说着的就是儒家治天下，其他的好像就是B盘的，说到艺术就是道家，其实这是把我们的思想格式化了，把儒家格式化了，好像儒家和道家从来都是水火不容，界线像井田一样划分的那么清楚。文化不是这样的，它和生命体的绵延是一体的。司马迁的《史记》是中国最有深度和影响力的有关中国历史的东西。因为中国是不能剪短历史的，历史就是民族记忆，后来放大成为国家记忆，而这个记忆是什么呢？就是集体无意识，所以要谈中国化，这是就它的文化背景。而西方，从宗教的角度说，它始终崇尚上帝，认为普天之下只要是信奉上帝的，我们就都是同胞，只有主才是永恒的。美国有一句谚语，"总统和我们都是魔鬼，只有上帝和法律才是天使"。而中国正好反过来了，所有的一切，包括宗教都用要规范用科学这个表达方式，我觉得这个表达方式就不太科学，科学绝不是运动，科学是认知世界的一种方式。

王：但是我们这个民族太习惯于运动了。

邱：对，做好事、做坏事都用的是运动，你可以去考察中国历史发展，远的不说，新中国成立后，从前30年到后30年，可以从一个极端到另一个极端，中间没有过渡色彩，全是硬边。但是生活在这个环境中又很和谐，因为它本来就是这样的，所以它没有立场，很容易辩解。

水墨为什么在艺术上场很消沉？因为它是抽象的表达。水墨既古典又现代，既有架上的又有架下的，各种各样，但只用了"水墨"这个词，确实语言表达的很好，把中国整个的神秘主义都体现出来了，把天、地、人、山水都密不透风地融合在了一起。

有人把水墨拿来实验，我对实验保持着高度的警剔，人不能简单地拿来实验，艺术也不能简单地拿来实验，因为实验就意味着需要实验条件。

王：需要实验条件就表明存在一个强烈的目的性，"实验"这个词代表着目的，但是艺术本身不应该有这么强烈的目的。

邱：你说得非常好，确实是这样。因为当我们谈论艺术的时候，要从某一个理论概念进入，但是在现实当中的创作，我们就要去画，它是状态的呈现。很多人在探讨时间，因为我英语学得不好，但是有一个东西启发了我，有一种时态，过去时态、现在时态、将来时态、过去进行时、现在进行时，还有将来进行时。这个时态理论上是客观时间，实际上是一种主观时间，是我们对时间真正的理解。

实际上，中国画的面貌，可以解释为东方路向，不一定非要用"国家"来命名，但我们是缺什么吆喝什么，艺术上正好没有的国家界定，因为它有自由指向，但有人非得说你这就是中国，那你干嘛非得去卖国呢？

王：实际上在民族乃至整个中国的艺术发展过程中，地域之间艺术的交流是特别明显的。不可能说2000年以来是一个样子。

邱：现代主义产生之后，中国画才被叫做"中国画"，过去没有这个说法。山水诗、山水画，这是一个文人的世界，那个时候绝对没有人说大明画、"大清国画家"、"大清国画派"，只是到了"新文化运动"之后，尤其是新中国成立之后，才把一切国家化，把艺术家也国家化了。后来还把土地和人民国家化，还剩下我们的生存方式嘛。

王：从旁观者的角度来看，目前美术院校的系部设置的很好玩——设计系、油画系、版画系，而"中国画系"的名称跟其它的格格不入，只有"中国画系"贯连着"中国"的名字。

邱：这点真得很奇怪，缺什么就吆喝什么。它叫中国美术教育，连教育都要加"中国"两个字，美术教育就是美术教育，不需要说是"小学阶段"的美术教育、"中学阶段"的美术教育、"大学阶段"的美术教育、研究层面的美术教育或者是社会当中的美术教育，前面总要加一个前缀，否则就是你不爱国。那在这背后隐藏着什么呢？就是用国家意志。这就导致在中国美术考试中，中国画在本科阶段是不考的，既不考书法，也不考工笔，也不考水墨。考得只有三大块——素描、色彩、速写。速写还有一点中国的味道，比如古代画人物画线描画仕女图，但是这个心脏不是国产的。心脏就像引擎，比如说我们喜欢奔驰、宝马、凯迪拉克，如果你只是外壳使用它们，而里面的心脏是一个拖拉机，这么一跑，它就心肌梗塞了。

文化就更不同了，那个时候很流行鲁迅的一句话，"走自己的路让别人去说吧"。结果大家用这句话说艺术是非常个人的事情，用不着别人在旁边指手画脚。

王：你是否已经有意识或者说无意识地去打破我们刚才说的中国画的界限？

马：我觉得艺术本身没有这种界限。

王：你介意现在的身份吗，会给你压力吗？

马：没有关系，没有问题的。就是自己要去把握那个度，作为中国画系的老师，因为在这个国家里，我们就必须适应这个角色，不可能在给学生教课的时候，完全按你自己的想法，那也是有问题的。那些传统的东西该传承的还是要告诉他们，不过我自己的创作肯定是不会受影响的，不会因为我是中国画系画花鸟的教师，就会受到限制。

我自己通过花鸟、自然、植物，也更容易去传达我内心的感受。

王：可不可以认为你的作品起源于信仰？

马：对，就是很本真。这不是说我非要迎合什么，也不是因为我是花鸟画家，我就应该怎么画，而是因为我这么画会更容易表达我内心的东西。

王：这是跟个人的精神状态有关。邱老师，"斯人也，而有斯疾也"。意思就是，这样的人才画这样的画，但是你给她这个作品系列取名叫"华之乐"，那么您对于这三个字有什么理解呢？

邱：这个名字开始是和管郁达先生一起讨论的。我在想用什么方式来把握马媛媛的绘画，能给人一种整体感，而且又不想要让它留于俗套。我想她既然所有的都是花鸟画，那么我就想到花字，之后我又想到"花之月"，然后"华"就是"花"，而且他代表东方的一个意向，比如说，华夏、华人，都会跟"华"字接合起来。

马老师是个花鸟画家，在我看了她的作品之后，她的作品早就从古典传统意义上的节奏转化成了现代创作过程当中的旋律。现代主义有一个特征，就是一切艺术都走向音乐。我们从课本当中了解了音乐的概念。最抽象的艺术就是实践艺术，那实践艺术的标志是什么呢，就是声音艺术，而声音就是音乐。在中国先秦时期，对古典音乐的理解是很透的。中国古典音乐所有音乐的名称都是和一个具体的生活场面或生命状态密切相关的，比如人和自然的关系——《高山流水》，他绝对不会用"交响曲"这个词，再如《琵琶行》、《乐府诗集》、《春江花月夜》等，都是直接用非常有意境的方式表达出来。有一句话对我影响很深，"越由内发内充，里自外来"。如果我们的艺术家能够把内心展开来创作，那么他的内心世界就是属于音乐的，属于这个世界的内在的生命节奏和旋律，旋律是变化的，节奏有古典意义。

我看她的画，有非常强烈的音乐感受，有生命力。因为音乐就是在生命展开过程中的一个自然流变的过程，始终都不是一个静态的，我们不是要根据画的对象来分析，哪块画得好，所以叫华之乐。乐者也乐，这个"乐"来源于我们内心的追求。有很多人说画画就是为了快乐，但这句话很勉强。他为了快乐，但未必能快乐。但只要你从内心出发，它审美永远是快乐的。这就不是说我为了快乐而画画，这句话在很大程度上是值得怀疑的。

马媛媛的作品从2007年到现在基本上分成三个层面，哪三个层面呢？有纯粹的工笔画。马媛媛的绘画有一个非常好的趋向，她走得是两个极端。比如她要画荷花工笔画，就要把工笔工到底，而工笔到底，就不是技法了，是种态度、意识和满足感，这也是一个完美的宇宙。它是不破坏的。特别是那朵莲花，我觉得那朵莲花打开时就像周敦颐《爱莲说》通过文字叙述的那种感觉，就被她当成一个静物画出来了，一下就把我带入那个境界了。就说明她的内心当时干净，一尘不染，好像水洗过的一样。

但是，另一个方面，她的绘画走到极度抽象的时候，这个抽象得很有前途，是意向阶段，这个阶段就回避了纯抽象的符号化，因为纯抽象的符号化会减弱很多对生命的原始感受。为了抽象，为了制作，为了构成，就有了很多程式化的东西在里面。中国画也经历了这么几个历程，制、绘、画、写、做。今天大多数艺术是做出来的，但我们不要把中国画的因素给丢掉了，写的因素不要丢掉了。这不是说我非得去看文人写意画的画展，我们吸收它的精神方面，而不是手段方面的，很多人就是把这个纯粹手段化了。手段化后，又会抱怨老是达不到古人的那种笔墨程度。

谈到笔墨，我觉得这是今天最大的话题。笔墨成了当艺术家受到干扰的时候，就用它来躲过尴尬境地的借口。他们一讲到笔墨，就说幸好我们还有很多文人画大师，能让我们通过他们去解决遇到的问题，就是找个借口。问"笔"是什么？他就举了一个例子，笔墨就是枯、湿、浓、淡。搞这个玩意，我深信过去的大师绝对没有这样思考过。

王：我学习书法的时候，想到关于怀素、张旭对于书法的参悟，其实他们是把笔忘掉,来追求一种自然的状态,所以说艺术本身就应该把笔忘掉,我们应该追求的是两个东西,一个是自身的无意识状态,一个是从内心深处被激发的过程。

邱:你刚刚提到的这点很重要。本来就是要追求一种自然生成的形态,结果却把绘画技法化了,这个很恐怖。包括书法的技法,因为这是某一个画家或书家,他在写作绘画时,找到了一个替代的表达方式,结果这里的人就在追求,什么是"屋漏痕",这是那个画家在那个雨景下偶然生成的一个表达方式。

你画的竹给了我第二个最大的启示,它是我看到的所谓郑板桥的那种文人画以来,真正地走出了传统竹的包围圈的竹。你把竹当成了当代人的,我的情绪的发射体,她的表达从写实到半抽象、意向阶段,到纯抽象的过程,在这个过程中,她做的工作是对花鸟画语言的探索是有意义的。

王:因为她抛开了格式化的东西。

马:对,因为它是很自然的技法描述。

王:原来我跟孙剑老师交流的时候,我们两个最反感的是各地的画院画梅、兰、竹、菊。

邱:而且在那里煞有介事的,其实就是在做一件毫无意义的事情。那些墨还是墨,笔还是笔,但是在他那里就变得毫无生命力,就好像他说,你看我这样画是代表山的皴法——斧劈皴、劈麻皴,这样皴,那样皴,就是没有自己内心的那个皴。所以这些画家,他们画的都抛尸檐下,还自得其所。实际上要归回到内心,你说基督教给你最大的恩惠就是回到那个我们只和上帝之间存在的上帝的拯救。这个时候,不是说上帝真的伸出一双手来拯救马媛媛,而在真正的神面前,我只在这一点保持内心的纯粹,保持那种可以远离所有周边世界的尘埃。我达成一个向往,一个理想状态,那么这时的精神,就是非常透明透亮的,那有了这个,何乐而不为呢？返回来说，我为什么要用"华之乐"这个词呢，因为你的作品显现出来的整个面貌、气场、画面里面表现出来的审美偏向，是东方民族的。

马：这个词本来就是东方的，这应该是一个很自然的表达，它也不是一个狭隘的西方的概念，而是全球的概念。

邱：但是她的方式不同，因为比如说自然，全世界同样是自然，但主要是面对的方式。东方人面对自然的方式是有别于西方的，你要叫西方人说出非常具有东方意境的话语是比较困难的，而且也没必要。尽管你加了很多构成、抽象的表象，但你整个作品呈现出来的风貌和西方是不同的。西方人画一个事物、一个动物，一定要强调空间感，是不是符合透视。你说从印象主义和后印象主义而来的，但此时你已经受到了东方表达方式的影响，还有非洲面具艺术的影响，这是艺术里面本真的东西。所以我们探索的是在大的当代语境里面，你要获得一种身份，不是我要给你的一种身份，然后让你从此以后就穿着这个身份的衣服。我们把华之乐的东方精神和现代西方的整个全人类的表达方式融合起来。融合起来后，首先是有东方身份的，避免了我们全世界的人走到那里都发一套职业装。

王：我想问一下马老师，你对未来有什么计划和打算？

马：计划和打算？我的画是自然而然形成的，我从来没有计划将来要做毕加索那样的画家，我觉得这个很无聊。我想毕加索开始做的时候，也没想要做世界级的大师，这样是做不出好的作品的，好的作品都是由心而发的，不要考虑要成为大师，要变成什么模样。只要你遵循艺术本身的规律和原则，追求艺术本身的语言，不是去找外在的评论评价，你自己这样做的时候，它自然而然就会出来了。就像邱老师说的，为什么会有"华之乐"这种概念，就是因为我的作品本身透露出来的这种感觉，你才能这样说。不是说加一个方向，让我朝那个方向走，那就不是正真的艺术品，就成了命题作文了。而且那也不是由内心而发的，那肯定会枯竭掉。所以你自己出来，它会越来越茂盛，因为它有自己本身的力量和内在的东西，我就是持守着这个。对传统的汲取，对自然的汲取，还有我自身生命的成长，那么我的作品也会跟着成长，因为源泉会不断涌出来，不断有新的思路、新的创作激情。这都和你的内在生命体有关系，如果丢失了这个我要想达到高峰，那是虚妄的。你要做的，不是追求成功，而是照刚才说的路子走，就自然而然地坐到成功的位置上面了，这个是很自然的，所以我更希望我能一直保持这种状态，不要被世界，不要被旁边的，被外面的东西所干扰，还是保持和以前一样的状态，最真诚地由心而发地去传达我的感受。

王：还是要好好的生活。

马：就是要做一个幸福的画家，而不是痛苦的，否则我觉得跟着个时代也不太和谐。

邱：你作为一个女性艺术家，倒不如说是女权主义的画家，我把女性和女权分得很开的。你无限制地极端地展现你作为一个女性画家独特的体验世界的方式和表达世界的方式。

刚刚你讲的几点，本质上归结到了我们古代先贤思考出来的话语上——"太极生阴阳，阴阳生两仪，两仪生四相，四相生八卦，八卦定吉凶，吉凶生大业"，其中全部是用的是"生"，这个"生"就是生命的，也就是这一定是要从内心涌动出来的，笔也罢，墨也罢，构成笔墨也罢，笔墨再构成笔墨形象也罢，就是要真正的有感而发。那些未卜先知的艺术家最后变得很苦难，但我们只有同情，绝不会姑息。他那么辛苦，我们去救救他吧？他内心是那样，你怎么救啊？所以马媛媛你就保持你这个状态。我有一种感受，就是你会生发出更高的境界，而且你和其他女性艺术家还有不同的地方，因为你是内心保留了女性纯美的因素，同时又能驾驭大的画面，这个是让人更加充满期待的，更加有希望的。

马：这和我的性格也有关，一方面有女孩子的性格，另一方面又有男孩子的倾向，因为我有三个哥哥，因为有长兄，所以从上面就传递了这种男性的阳刚的东西。

后记

　　"独立之水墨，自由之精神"。独立水墨是一种独立文化品格，是一种艺术本身的文化性所要求的，它不是一般的技术风格。如果具体展开看，就我现在所思考的有三个方面：一、独立水墨就是东方美学的水墨精神的独立展现，要有与世界其他艺术门类不同的独立思想和独立精神；具备东方的哲学观和文化观，生命观就是水墨的，意向的，不同于西方的表现主义，独立水墨强调水墨自由之精神，与中国的文化，地域有密切的关系，书法，戏剧也是水墨意向的。二、独立水墨的材质媒介继承传统水墨的精神，是一种水墨意义上的东方神秘主义美学，特别是通过巴蜀文化的神秘地域和文化特点，让这种独立与其他艺术门类的水墨更具备东方神秘气息，探索和表现这种具备神性的水墨美学就很有意义；这也是独立水墨的核心艺术观念，在这种观念下产生的艺术作品，定会具备东方水墨文化的精神指向，又具备当代人文的审美关照，三、独立水墨的表现材质一定要体现水墨和宣纸，绢本这一东方独特材质的特点，发挥水墨神秘而意趣的东方表达方式，与新水墨中扭捏作态的新文人画和新工笔画的纤弱气、脂粉气、邪气、妖气、媚俗气拉开距离，也与实验水墨对传统水墨的颠覆性、西方表现主义的、装置性状态有所区分。独立水墨要通过作品表现出东方的水墨精神之高雅，大气、雄厚、神秘，体现生命性和神性的作品，根植于四川的大山大水、神秘的巴蜀文化，三星堆艺术，独立水墨一定有可持续探索的意义和价值，是值得一生探索和研究实践的。

曾经听一位中国当代油画家说，中国没有纯粹的抽象艺术。我非常诧异。更有趣的是，在我拜访中国当代著名油画家何多苓、周春芽时，他们却不约而同地都在汲取着中国水墨艺术的意象和抽象精神，在他们的画案上赫然摆放着中国水墨艺术大师八大、徐渭的画册，而非西方油画大师的作品。甚至在艺术创作时，他们会不断思考着如何把水墨艺术中的抽象笔法、结构、意境应用到当代油画创作中去。

虽说"越是民族的就越是世界的"是老生常谈，似乎是狭隘的民族主义，但就我个人的艺术经验来看，中国的水墨艺术从开始就很抽象，在世界艺术中别具一格，对日本和亚洲乃至欧洲现代艺术影响深远。中国艺术起初就讲究意境的抽象美，虽然没有像西方艺术那样科学地去研究关于抽象的问题，但是骨子里的确很抽象。这和中国文化玄妙神秘的哲学思想有密切的关系，从周易而来的"天人合一"的艺术境界和水墨材质的自由挥洒开始，中国的水墨艺术注定就很抽象了，无论是书法的线条抽象美，还是水墨材质和意境的抽象美，都让人流连忘返。

美国艺术心理学家鲁道夫·阿恩海姆认为，"具象和抽象为两极，意象至于其中。根据物体表象特征减少和主观因素增多的趋势，由两极的具象和抽象确定一个尺度，中间部分就是意象范畴"。[①] 我在近十年的水墨艺术探索中真切地感受到了艺术创作从具象到意象然后演变到抽象水墨的必然过程。由于我们这代艺术学子主要受徐悲鸿倡导下的比较西化的艺术教育方式的影响，随着学习过程中艺术视野的不断开阔，艺术

---

① 鲁道夫·阿恩海姆（美）：《视觉思维》【M】，腾守尧译，成都，四川人民出版社，1998：188

创作也更加多元。在我的艺术创作中总是有很多新的思路和表现手法出现。但是无论技法和观念如何变化，我对水墨本身的热爱，从来没有减弱过，所以在我一系列的艺术创作中，无论是具象的创作还是意象，亦或是抽象，任何时候都饱含着对水墨语言的热情，对水墨黑白空间的极高兴趣，看什么似乎都能感受到抽象的水墨意境。

"风随意思吹，你听见风的响声、却不晓得从哪里来，往哪里去，凡从圣灵生的，也是如此"。①

"同样艺术的方式也需要思想的支持，如此才会使得缤纷多样的创意方式，具有意义的产生。同样，艺术的思想也注定需要艺术的多向情感的实践，也唯有如此，思想才会具有真实的生命能力"②。

艺术创作的灵感，从天而来，虚无缥缈，但是经过艺术家的艺术转换，又确实地震撼人心。我不想谈太多玄学或者是哲学、神学层面的问题，但就艺术创作而言，只有来及灵魂深处的神性的、生命性的震撼才能去震撼世界！才有可能去颠覆某种程式化的思维模式！独立水墨的产生意义也就在于此。

本书属于本人在艺术实践创作之中产生的艺术思想和思考，很多部分属于个人浅见，望各位艺术同仁给予更多意见和建议，愿在今后的艺术创作道路中，能有更深刻的思考，产生更有思想和审美价值的作品。

在此书即将出版之际，感谢那些在各个时期帮助过我艺术成长的老师，同仁，朋友和亲人，感谢大家的关怀、指导和帮助！

马媛媛
于四川美术学院虎溪公社灵墨轩
2014年12月

---

① 《圣经：约翰福音》3：8
② 张强教授在《水墨如何发生·总序》

参考文献

（1）王伯敏.《中国绘画通史》.［第二版］.三联出版社，2002年

（2）林木.《二十世纪中国画研究》.［第一版］.广西美术出版社，2000年

（3）薛永年.《论扬州八怪艺术之新变》.601–615页《中国绘画研究论文集》,《朵云》.杂志出版社编,［第一版］.上海书画出版社，1992年

（4）李伯钦.译《全本周易》.［第一版］.万卷出版社，2005年

（5）董欣宾、郑奇.《中国绘画六法生态论》.［第二版］.江苏美术出版社，1990年

（6）吕胜中.《造型原本 讲卷·看卷》.［第二版］.三联版社，2002年

（7）李泽厚.《华夏美学》.［第二版］.天津社会科学院出版社，2001年

（8）梅忠智.《二十世纪花鸟画艺术论文集》.［第二版］.重庆版社，2001年

（9）宗白华.《艺境》.［第二版］.北京大学出版社，1986年

（10）钟茂兰、范朴.《中国民间美术》,［第二版］.中国纺织出版社，

2003年

（11）吕胜中.《中国民间木刻版画》.[第二版].湖南美术出版社，1995年

（12）朱狄.《艺术的起源》.[第二版].中国青年出版社，1999年

（13）顾森.《中国绘画断代史·秦汉绘画》.[第二版].人民美术出版社，2004年

（14）顾森.《中国绘画断代史·远古至先秦绘画》.[第二版].人民美术出版社，2004年

（15）李发林.《山东汉画像石研究》.[第二版].齐鲁书社，2004年

（16）蒋英炬 杨爱国《汉代画像石与画像砖》[第二版].文物出版社，2001年

（17）薄松年 段改芳.《中国民间美术全集9甘肃》.[第二版].人民美术出版社，2004年

（18）薄松年 段改芳.《中国民间美术全集8陕西》.[第二版].人民美术出版社，2004年

（19）安塞县文化文物馆编《安塞民间绘画精品》.[第二版].陕西人民美术出版社，1999年

（20）靳之林.《中国民间美术》.[第二版].五洲传播出版社，2004年

（21）靳之林.《抓髻娃娃与人类群体的原始观念》.广西师范大学出版社，2001年

（22）齐白石.《白石老人自述》.[第二版].山东书画出版社，2000年

（23）宗白华.《美学散步》.[第二版].上海人民美术出版社，1981年

（24）黄鸣仪.《现代中国画研究论文集》.[第二版].古吴轩出版社，1997年

（25）徐复观.《中国艺术精神》.[第二版].华东师范大学出版社，

2001年

（26）张涵 张中秋.《国学举要·艺卷》.［第二版］.湖北教育出版社，2002年

（26）丁羲元.《虚谷艺术散论》《中国绘画研究论文集》,《朵云》.杂志出版社编，［第二版］.上海书画出版社，1992年

（27）董欣宾、郑奇.《中国绘画对偶范畴论》.［第二版］.江苏美术出版社，1990年

（28）孙建君.《中国民间美术》.［第二版］.高等教育出版社，2000年

（29）张强.《中国绘画美学》.［第二版］.河南美术出版社，2000年

（30）查常平《人文艺术》.［第九辑］.贵州人民出版社，2010年

（31）袁恩培 何明《色彩意象论》.［第一版］.重庆大学出版社，2010年

（32）俞剑华 编著《中国古代画论类编》.［修订版］.人民美术出版社，1998年

（33）张强《现代主义 书法论纲》.［第一版］.重庆出版社，2007年

（34）陈振濂《线条的世界》.［第一版］.浙江大学出版社，2002年

（35）刘勰《文心雕龙》.［第一版］.华文出版社，2007年

（36）贡布里希《艺术的故事》.［第一版］.广西美术出版社，2008年

（37）黄简编辑《历代书法论文选》.［第一版，第四次印刷］.上海书画出版社，2000年

（38）邱振中《书法与绘画的相关性》.［第一版］.中国人民大学出版社，2011年

（39）岛子《后现代主义艺术谱系》.［第一版］.重庆出版社，2007年

（40）克莱门特－格林伯格 著 沈语冰 译《艺术与文化》.［第一版］.广西师范大学出版社，2009年

（41）许志伟《基督教神学思想导论》.［第一版］.中国社会科学出版社，2006年

（42）蒋勋《汉字书法之美》.［第一版］.广西师范大学出版社，2012年

（43）易中天《艺术人类学》.［第一版］.上海文艺出版社，2001年

（44）彭吉象 主编《中国艺术学》.［第一版］.北京大学出版社，2008年

（45）刘光耀 杨慧林 主编《神学美学》.［第一版］.上海三联书店出版社，2011年

（46）曾宓《中国写意画构成艺术》.［第一版］.浙江人民美术出版社，1996年

图书在版编目（CIP）数据

独立水墨探索文集 / 马媛媛著. —北京：文化艺术出版社，2013.12
ISBN 978-7-5039-5751-2

Ⅰ.①独… Ⅱ.①马… Ⅲ.①水墨画—作品集—中国—现代
②水墨画—绘画评论—中国—现代 Ⅳ.①J222.7 ②J212.05

中国版本图书馆CIP数据核字（2013）第298544号

独立水墨探索文集

著　者	马媛媛
责任编辑	吴士新
封面设计	李海成
出版发行	文化藝術出版社
地　址	北京市东城区东四八条52号　（100700）
网　址	www.whyscbs.com
电子邮箱	whysbooks@263.net
电　话	（010）84057666（总编室）84057667（办公室） （010）84057691—84057699（发行部）
传　真	（010）84057660（总编室）84057670（办公室） （010）84057690（发行部）
经　销	全国新华书店
印　刷	国英印务有限公司
版　次	2015年2月第1版
印　次	2015年2月第1次印刷
印　张	13.75
字　数	180千字
开　本	710毫米×1000毫米　1/16
书　号	ISBN 978-7-5039-5751-2
定　价	50.00元

版权所有，侵权必究。如有印装错误，随时调换。